担任力がそだつ

教室発 学級づくり実践論
総集編

磯野雅治
Isono Masaharu

解放出版社

まえがき

　ぼくの本棚に一冊の本がある。ハードカバーでケースに入っているが、ケースは年月に赤茶けている。1975年に解放教育全書の第1巻として明治図書から出版された、鈴木祥蔵さんの『人間の成長・発達と解放教育』である。
　ぼくは、教育系の大学を出ていない。でも、どうしても教師になりたくて、3回生から教職課程を受講し、卒業までの2年間で慌ただしく単位を取り教員免許を取得した。そして、教員採用試験にも合格し、1970年、大学を卒業すると同時に中学校の社会科教員に採用されたのである。
　しかし、ぼくが大学生だった60年代末は、大学が封鎖され、授業が行われない日々が続いていた。ぼくは、教育理論や実践論を講義としてはほとんど学ばないまま、学校現場に立つことになったのである。もちろん、そんなぼくでも、現場に立つやいなや、子どもや保護者、ときには同僚からも「先生」と呼ばれることになった。いま、思い返してみれば、ただただ生来の「子ども好き」と政治の季節に身体の芯までしみ込んだ「反差別」「反権力」「反権威」だけを武器に始まった教師生活であった。
　そんなぼくに、教育実践についてのあるべき方向性を示してくれたのが、「同和教育」との出会いであった。
　ぼくが教師になる少し前、1965年に同和対策審議会の答申が出され、前文で「同和問題は人類普遍の原理である人間の自由と平等に関する問題であり、日本国憲法によって保障された基本的人権にかかわる課題である。したがって、(中略)その早急な解決こそ国の責務であり、同時に国民的課題である」ことが示された。また、1969年に制定された同和対策事業特別措置法は、その第5条「同和対策事業の目標」で、「教育の充実、人

権擁護活動の強化」などを掲げていた。

　そのような社会状況を背景に、ぼくが勤めた学校でも職員会議などで「同和教育にどうとりくむか」という議論が続けられていた。「反差別」という意識だけは旺盛だったぼくは、そうした議論に触発されながら、大阪府同和教育研究協議会（当時）の研究会に参加したり、同和教育推進校で行われる実践報告会などに出かけ、多くのことを学んだ。

　そして、当時のぼくの課題は、その同和教育の実践が切り拓いた「差別の現実に深く学ぶ」や「差別をしない・させない・許さない集団づくり」といった命題を、自分の学校でどう展開していくかということであった。

　ぼくは、日々の具体的な実践を裏づける「理論」が欲しかった。「反差別」「反権力」「反権威」を軸に、教室、さらには学校をつくり変えていく取り組みの理論的な裏づけが欲しかったのである。そして、そんな思いで書店めぐりをしているなかで出会ったのが、冒頭の鈴木祥蔵さんが書かれた一冊の本だった。ぼくは、その本からたくさんのことを学んだし、出会いから定年退職までの33年間、ぼくの学級づくり実践論が形成されていくうえで、つねに座右の書であった。

　たとえば「集団づくり」についてである。鈴木さんは同書でいう。「集団主義というのは、弱い個々人の力を出しあって、思いも及ばぬ強力な力にするということを求めることではあるが、ある特定の集団に個々人が埋没してしまうよう求めるだけではない[*1]」と。さらに鈴木さんは、「部落解放同盟北久保支部著『めだか子ども会』（明治図書、1969年8月）がある。『めだか子ども会』には次のような文章がでてくる」として、「部落の人は、人間外の人間として迫害を受け差別されている。しかし、そのことにより、自分を人間だと信じて疑ったことのない人より、より人間的である。部落の人びとにとって、人間とはいつでもあるがままの人間ではなく、あるべき人間、人間が人間を差別するというあるがままの人間ではなく、差別なき社会を創り出すべき、あるべき人間だ[*2]」という文章を紹介しているが、ぼくはここに、「なぜ、集団づくりの核に『しんどい子』をすえるのか」

ということの原型があると考えてきた。

　また「荒れ」について、「『非行』というのは、差別とか不幸とかに負けた姿であるという側面があるということは無視できないのである。負けた情況に追いこまれた子どもに、私たちはどう対処していけばよいかというと、その子らを『非行』に追いこんだ不幸や差別の原因を追求し、取りのぞくことを、その子らと一緒にたたかわねばならない」*3と述べている。また、「荒れ」ている子どもの「非行」に立ち向かう教師の姿勢として「『シンナーをやめろ』とただ禁止してみても、『何言ってやがる』と反発をかうだけである。そんなんじゃなくて、お前がシンナーを吸う気持ちはよくわかるという同じ立場から『私』がシンナーをやめるときのやめ方はどうあるべきなのか、そのところをいっしょに考えていくのが、『非行』といわれるような行動を私たちの問題として考えることなのである」*4と述べている。

　ぼくは、その後1980年代初頭に学校全体を覆う大「荒れ」に遭遇することになるのだが、そのときも鈴木さんの考えは「荒れ」に立ち向かうときの原点であった。

　さらに進路保障の取り組みの実践でも、鈴木さんの「激烈苛酷な競争は、学校教育にも、見事に反映する。一つの学校は、同段階の同種の学校と競争関係におかれ、一つのクラスは他のクラスと競争し、クラス担任は他のクラス担任と競争せざるを得なくなる。生徒各人は、他の生徒と競争し、本来は仲間であるはずのお互いが、入試競争のような場面に立ち至っては、むしろ敵対的な関係にあると考えざるを得ないところへ追い込まれていく」*5との指摘は、つねに取り組みの原点に立ち返るよりどころであった。

　このように、鈴木さんの一冊の本をよりどころにしながら、たくさんの教育書をひもとき、多くの研究会に出かけ、しだいに自分流の教育論や実践論を形成していったぼくだが、やがて「ベテラン」と呼ばれる年齢になった。

　ぼくは、先輩たちが切り拓いてきた同和・人権教育、なかでも集団づく

まえがき　5

りの理論と実践を、次世代を担う若い教師に伝えたい、いや伝えておかなければならない、と強く思うようになった。しかし、いかにすぐれた理論や実践でも、伝えようとする自分が未消化のままでは相手に伝わる道理がない。そこで、若い教師に伝わりやすくするために、自分自身の言葉と実践で「翻訳」したうえで伝えることを大切にしてきた。また、本当に伝えるには、学校などで偶然に出会ったのではなく、学級づくりの具体的実践を一緒にすすめるなかでこそ、本当の意味での「出会い」があり、伝わるのだと考えるようになった。

　その延長線上に、退職後、学級づくりについての理論と実践を「担任力」と名づけ、『担任力をみがく！』『担任力でひらく！』（いずれも雲母書房）を上梓することができた。「担任力とは何か」ということを自分なりに明らかにしようと考えてきた一定のまとめであった。

　『担任力をみがく！』では、「いじめ」「不登校」や「荒れ」など、教育現場に山積する課題をとりあげ、そこに「学級づくり」でどう切り込むかを綴った。『担任力でひらく！』は、38年間の教師生活で出会った子どもたち、保護者などからどのような「担任力」を与えられたかを中心にした一冊である。

　以降、縁あって大学教員の職を得て、教師をめざす学生たちに、おもに学級づくりを核にして、現在の教育や学校のかかえる課題に立ち向かう理論と実践を伝えてきた。また、研修や研究などの講師を依頼されることも増え、とくに若い教師に学級づくりについて話す機会を得ることができた。

　その過程で、ぼくの脳裏に浮かんだのは「個々の教師はいかなるときに自分の『担任力』がアップした」と感じたのか、ということであった。そして、そのことについて論考したいと考えたことが、本書を書こうと思ったゆえんである。

　「教師は現場で育つ」といわれている。なかでも学級集団づくりに対する考え方や力量は、大学で学ぶというより、学校現場での実践のなかで身につけていくことのほうがはるかに多い。しかも、それは、教師自身の力

というよりも、子どもや保護者、ときには同僚との出会い、また、教室で起こるさまざまな出来事に立ち向かうなかで形成されていくものである。

本書は、学校現場で、学級集団づくりに対する考え方や技量、すなわちぼくがいうところの「担任力」が、どのような過程を経て個々の教師に形成されていくかを論考したものである。

本書の構成は３章からなる。

第１章は、「『担任力』とはなにか――『担任力』を解剖する」と題している。『担任力をみがく！』『担任力でひらく！』の時点から、大学で講義したり、各地で講演することを通して、より深く考えたり、整理したりした発展的「担任力」論である。

次に、第２章では、「先生100人に聞きました――どんなとき『担任力』がアップしたと感じたか」と題し、当の教師が、どのようなときに自分の担任力がそれまでに比べてアップしたと感じたか。子ども、保護者、同僚などとの出会い、日ごろの学級活動のなか、教室で起こった問題に立ち向かったときなど、講演の際にお願いした教師へのアンケートの回答を対象ごとに分け、ぼくの解説を付している。

さらに、第３章は、「みんな悩んで教師になった――若い教師との往復メール集」。知りあった20代の小学校と中学校の教師にお願いし、それぞれ隔月で月２回学級の様子や相談したいことをメールで送ってもらい、それにぼくが返信したものである。若い教師が、子どもたちとの格闘を通して、「担任力」を高めていくところと、実際の悩みに回答しながら、ぼくが考えるところの学級づくり実践論を展開した内容になっている。

この本が、若い教師自らの「担任力」をアップさせることにつながってくれること、ベテランの教師が「学級づくり」を次の世代に伝えていく際の参考になれば幸いである。

磯野　雅治

担任力がそだつ　もくじ

まえがき　3

第1章　「担任力」とは何か　「担任力」を解剖する　11

「良い授業」は「良い教室」でこそ　12
「担任力」とは、子どもとともに学級をつくる力　14
学級づくり、四つの大切　16
学級づくりの3要素　21
子どもとつながる担任力　22
子どもをつなぐ　人はどんなときに「つながった」と感じるのか　29
子どものつながりを阻害する教室の空気　32
学級づくりはどこから始めるべきか　36
子どもをつなぐ「つなぎの素」は　39
「人」をつなぎに変える担任力　41
「活動」をつなぎに変える担任力　46
「思い」をつなぎに変える担任力　52

第2章　先生100人に聞きました　どんなとき「担任力」がアップしたと感じたか　69

アンケート調査「どんなときに担任力がアップしたと感じたか」　70
「課題を背負う子」と出会って　72
● やんちゃな子　73
悩みながら　75／「試し行為」に付きあう　77／子どもの言動の向こう側にあるものに気づく　78／本気でぶつかる　79／根気よく　81／しんどかったけど　84／寄りそって　85／その子の別の面がみえた　87／子どもが変わった　88／同僚とつながる　89

- 障がいのある子　91
- 外国にルーツのある子　95

学級づくりのさまざまな場面で　97

行事の取り組みで 98 ／子どもと本気でぶつかった 100 ／自分の本音を出せた 100 ／子どもと"素"でのやりとりができた 101 ／子どものことが視えるようになった 102 ／子どもの成長を目のあたりにして 103 ／子どもとのつながりを実感できた 106 ／子どもと子どもをつなぐなかで 107 ／子どもに教えられた 108 ／失敗から学ぶ 111 ／学級通信を出しつづけて 112 ／同僚の先生からのアドバイスを受けて 113 ／保護者に教えられた 114

起こった問題に立ち向かうなかで　115

いじめが起こった 116 ／イベントの取り組みで 119 ／つらい出来事を乗り越えて 121 ／問題をクラスで話しあえた 121 ／子どもとぶつかった 122 ／子ども同士のもめごとにうまく介入できた 123 ／学級崩壊を経験して 123 ／年度途中から担任になった 123 ／どんなときに担任力がアップしたと感じたか 124

第3章　みんな悩んで教師になった
若い教師との往復メール集　……………………… 129

コラム
これも担任力①　教室を固定的性別役割分担意識を刷り込む場にしない　63
これも担任力②　体罰は学級づくりを阻害する　66
これも担任力③　保護者とつながるためのチョットした工夫　126
これも担任力④　進路保障は学級づくりの総和である　212

注　217

あとがき　219

第1章

「担任力」とは何か
「担任力」を解剖する

「良い授業」は「良い教室」でこそ

　教師の主な仕事は「授業づくり」と「学級づくり」だということに異論のある人はいないだろう。そして、教師として学校現場に立ったなら、「良い授業をしたい」と思わない教師もまたいないだろう。
　では、「良い授業」とはどのような授業なのか。それは、「誰にもスポットが当たり」、「誰もが活躍できる場面がある」授業のことであり、「学び合いを通して深い学びが生まれ」、「自分をみつめることができる」授業のことであり、「授業を通して、子どもと子どもがつながる」授業のことではないだろうか。
　そして、日本の学校教育では、授業はほとんどの場合「学級」という単位で行われていることを考えると、こうした「良い授業」が成立するか否かは学級のありように大きく左右されるといっても過言ではない。
　学級を形成する子どもたちの関係が、けっしてフラットではなく、差別があったり、力の強いものが支配していたり、「スクールカースト」と呼ばれるグループ間の序列が顕著であったり、周縁部の子を排除しようという力学が働いていたり、「白けた」雰囲気が蔓延していたり、「後ろ向きな発言」が多発する学級で、「良い授業」が成立するはずはないのである。
　ぼくが思うに、「授業づくり」と「学級づくり」は連動している。「良い授業」を志すなら、「良い教室」づくりをめざすことが必要不可欠なのである。
　いや授業だけではない。2011年に滋賀県大津市の中学2年生の生徒が自死した事件をきっかけに、2013年に「いじめ防止対策推進法」が制定され、各教育委員会、各学校に「いじめ防止基本方針」がつくられたが、学校における「いじめ」はいまだなくなっていない。この「いじめ」も、その多くは教室を舞台にして行われる。その意味では、学級のありようと「いじめ」発生との間には深い関係性があるといってもいい。

また、義務教育における不登校児童生徒は、いまも13万人を超えているが、子どもが不登校になるきっかけは、級友とのトラブルによって教室に入れなくなったことが多いことを考えると、やはり、教室のありようは、子どもの不登校にも少なからず影響していると考えてよい。
　このように、教室のありようは、授業だけでなく、教育活動のさまざまな場面に大きな影響を及ぼす。したがって、学級づくりは、じつはきわめて重要な意味をもつ教育実践なのである。
　だが、その重要性が、学校現場において、どれほど認識されているのだろうか。大学の教育学部や教職課程で、「授業づくり」について学ぶ機会は多くある。また、各学校では、「理科」「国語科」のように、ある教科の授業について学校ぐるみで研究がすすめられている。しかし、その反面、「学級づくり」について学校ぐるみで研究のテーマにしている学校のことは、残念ながら寡聞にして知らない。
　では、「良い教室」とは、どのような教室のことをいうのだろうか？それは、子どもたちの誰もが、「自分が自分であっていい」と思える教室である。自分の言動が冷ややかな目で視られたり、揶揄されることがない教室のことである。また安心して失敗することが許される教室のことである。さらに「みんなと少し違う」ということが排除につながらない教室のことである。そして、個々の個性を生かしながら、一体感のある教室のことである。総じていうならば「安心できて、温かい雰囲気のある」教室のことである。
　そうした教室は、担任である教師からいえば「一人も切り捨てない」「すべての子どもとつながっている」「すべての子どもに活躍の場面を与えられている」「子ども同士をつなげられている」教室のことである。子どもには、一人ひとり個性がある。どの個性をとっても、「価値のない」個性などない。もちろん、「勉強が得意」「スポーツが得意」「リーダー性がある」「友だちから信頼されている」などといった、いわゆる「学校的価値」の高い子もいる。その子たちは、多くの場合、教室の中心部に位置している。

しかし、逆に教室には、さまざまな課題を背負い、周縁部に追いやられている子もいる。「一人も切り捨てない」とは、教師からみてさまざまな位置にいるすべての子どもと関係を切り結ぶということである。

「担任力」とは、子どもとともに学級をつくる力

　担任になれば、誰もが、そのクラスに対して「〜なクラスであってほしい」という気持ちをもつだろう。しかし、そうした気持ちをもつだけでは、けっしてそうしたクラスは生まれない。担任が目的意識的につくりあげていくことで、教室は自分がめざすクラスに近づいていくのである。
　教室は、社会の縮図である。教室で見せる子どものありようの背景には、かならず家庭や地域における子どもの生活がある。30人の子どもがいれば、30通りの生活をかかえて、子どもたちは毎日学校に通ってきているのである。当然、そこには、親の生活が投影されている。親自身が、いまの社会のなかで、どう生きてきたか、どう生きようとしているか。親の生きざま、考え方、子どもへの接し方などが、子どもの言動に直接的にも間接的にも影響を与えている。また、子どもたちは当然社会の空気を吸って生きている。ゆえに社会全体のありようからもけっして自由ではいられない。かつてテレビのコマーシャルに「ピッカピカの1年生」という歌があったが、子どもたちは小学校1年生ですら、けっして「真っ白」ではないのだ。
　したがって、教師が何も働きかけないとしたら、社会のさまざまな矛盾が教室に顔を出す。家庭間の「経済格差」は、負の連鎖となって、子どもたちの「学力格差」に連なる。暴力的な親の下で育った子どもは、自分の考えを暴力で通そうとするかもしれない。「意欲格差」がいわれるなか、子育てへの意欲・関心や子どもへの期待を失った家庭の子どもは、「もう終わってる」などとすぐに口に出す、自尊感情の低さが目立つかもしれな

い。固定的性別役割分担の強い家庭の子は、教室での活動のさまざまな場面で、「男やから」「女やから」「男のくせに」「女のくせに」を口にするし、態度にも出す。社会における弱者へのバッシング、外国人へのヘイトスピーチの広がりが教育活動のさまざまな場面に影を落とし、教室で、障がいのある子や外国にルーツをもつ子が「いじめ」「排除」の対象になるかもしれない。大人社会の「空気を読む」風潮は、当然子ども社会をも覆い、子どもから自己主張や積極性を奪い、逆に「空気を読めない」と周りから判断された子が攻撃の対象になってしまうという問題も見逃せない。担任が何も働きかけない教室とは、こんなにも社会の矛盾が顕在する空間になってしまうのである。

　では、われわれは、学級づくりで何をめざせばいいのか。ぼく自身は、「未来社会の先取り」だと考えてきた。

　たとえば人権教育の四つの側面の一つは、「人権のための教育」、すなわち「人権を守り、育てる社会や個人を育てようという教育」である。具体的には、将来の社会のあり方としてだけではなく、現実の教室を「いじめや差別・排除を許さない」「お互いの存在を認めあう」場にしていくということである。また、「人権を通しての教育」という側面もある。これは「人権が守られている状態のなかで人権教育をすすめる」ということであり、人権教育は、「いじめや差別・排除のない」教室、また教師の「暴言や体罰のない」教室で進めなければならないということを意味している。すなわち、人権教育とは、将来の社会のあり方として人権が大切にされる社会をめざすだけでなく、いま、子どもたちが生きている場、すなわち学校や教室を人権文化でいっぱいにするという意味をももちあわせているのである。

　ぼくは、学級づくりも同じだと考えてきた。教室にある社会の負の縮図に対峙し、「一人ひとりが大切にされる社会」「違いを認めあえる社会」「個性を生かしながらつながっていける社会」などを、未来のこととしてだけでなく、いまの教室に「未来社会の先取り」として築いていくことが学級

づくりのめざすところだと考えてきたのである。
　もちろん、こうした学級づくりは、担任が一人で「がんばろう」と力んでみてもできるものではない。大切なことは、子どもと一緒になって築きあげるということである。この、子どもとつながり、子どもと子どもをつなげ、子どもと一緒になって、また保護者や地域とも協働して学級をつくりあげる力を、ぼくは「担任力」とよびたいと思うのだ。

学級づくり、四つの大切

　ぼくは、学級づくりにおいて、次の四つのことを大切にしてきた。
　まず、「学級づくりとは、一人ひとりの子どもを大切にする」ということである。「集団づくり」というと、個々を捨象し、「集団」としての一体性を重要視するかのように捉えられたりもしているが、ぼくは、それは間違った捉え方だと思う。
　「学級をまとめる」といういい方がある。その言葉に代表される学級づくりの方向性は、子どもたちのなかにあるさまざまな考え方を、文字通り一定の方向にまとめ、異論を表に出させずに、「一体感」があるかのようにふるまわせるところにある。そして、めざす方向は、教師の指し示したものと一致させるというわけだ。ぼくは、けっしてこうした学級づくり論に組しない。
　もちろん、さまざまな考え方があるなかで、行事などクラスとして一定の歩調を合わせることが必要な場合も多い。しかし、クラスには、そもそも「群れる」ことをよしとしない子や、集団行動が苦手な子が少なからずいる。ぼくは、そうした子どもも否定せず、また排除せず、ゆるやかで、しかし、全体的には「一体感」を味わうことができるような学級づくりをめざしてきた。いわば「違ってて一緒」がぼくの学級づくりの核心であった。

ぼくは、このような学級づくりを「野菜サラダのような学級づくり」と名づけてきた。野菜サラダは、いろいろな野菜で作られているが、キャベツ、キュウリ、トマト、タマネギなど、一つひとつの野菜の個性は生きている。なかにはズッキーニのようにそれ自体には味や匂いの薄いものもあれば、パクチーのように強烈な個性をもった野菜もある。しかし、その全体を食して、「おいしいサラダ」となるわけだ。ぼくは、クラスもこうあるべきだと考えてきた。

　一方で、野菜ジュースは、5品目であれ、10品目であれ、ミキサーやジューサーですりつぶし、同じ色、同じ味にしてしまう。一つひとつの野菜の個性が生かされることはない。学級づくりが、この野菜ジュース型であってはならないと強く思うしだいである。

　そして、教師は、野菜サラダを盛りつけるボウルであってほしい。それも誰もこぼさないボウルであってほしい。まかり間違っても、ドレッシングとなって、子どもたちを「自分の味」で味つけしてしまわないようにしてほしいものだ。

　二つめは、「クラスのラストシーンのイメージをしっかりもつ」ということである。これを「めあて」という。

　もし、家を建てるとき、設計図がなければどうなるだろうか。できあがったときの家のイメージをもつことなく家づくりを始め、そのときどきの「思いつき」で作業を進めても、どのような家に仕上がるのか最後までわからない。そんな家づくりなど、実際には考えられないはずだ。

　学級づくりも同じである。もし、「めあて」がなければ、学級の到達点のイメージがないまま、日々の子どもたちが織りなす言動に対処するということになる。それでは、教師の言動は行きあたりばったりにならざるを得ず、クラスは最後までどうなるか見通せない。だからこそ、学級がスタートする4月当初に、翌年3月にクラスがどのような状況になっていることをめざすのかという「めあて」をしっかりもつことが学級づくりには不可欠なのである。

ぼくが小学生のころ、創成期だったテレビの番組に、視聴者が２枚の写真を送り、その１枚の情景からドラマがスタートし、最後はもう１枚の情景にオーバーラップしてドラマが終わるというのがあった。ぼくは、学級づくりは、そのドラマづくりに似ていると思う。１枚目の写真は、入学式や始業式の後で撮るクラス写真である。そして、２枚目、クラスのラストシーンとなるべき「写真」は、実際の写真ではなく、それぞれの担任がイメージするクラスのラストシーン、すなわち「めあて」ということになる。

　「学級づくり」とは、いわばこの２枚の写真の間で、教室のなかで日々生まれる小さな物語を、学級という大きな物語に編みあげていくことである。子どもたちが織りなす言動を、どう「褒め」、どう「叱り」、ともにどう「喜ぶ」のか。また、ときには教師の「怒り」や「悲しみ」をどう伝えるのか。その一つひとつが「めあて」と関連づけられていることで、学級づくりとなり、学級物語ができあがっていく。「すべての言動は『めあて』に通じる」のである。

　もちろん、学級づくりは担任一人の作業ではなく、子どもたちとの共同作業であり、子どもたちにとってクラスは「なるもの」である。したがって担任だけが「めあて」をもつだけでは不十分である。子どもたち自身が、自分たちのクラスの「なる」べき方向として「学級目標」をもつことの重要性はいうまでもない。子どもたちに人気のマンガに、週刊少年ジャンプに連載された「ONE PIECE」がある。この「ONE PIECE」研究家として知られる安田雪さんは、その著書『ルフィの仲間力』のなかで、このマンガが子どもたちに人気がある理由を「人気の秘密はワンピースの中心的なテーマが『仲間』だからではないでしょうか」と書き、「仲間とは、１人では到底かなえられないような夢を共有する人たち」[*6]だとしている。すな[*7]わち、学級においても、１人ではなし得ない、みんなで力を合わせないと達成できない「目標」があるということが、子どもたちがつながるうえで必要なのである。

　三つめは、「『課題を背負う子』にこだわる」ということである。もちろ

ん社会の格差が広がり、先行きが不透明な今日、クラスを構成するすべての子どもになんらかの課題はあるだろう。どの子ともしっかり人間関係を築くことの大切さはいうまでもない。しかし、そのなかでも、「障がいがある」「外国にルーツがある」「被差別の立場にある」「学力がきわめて低い」「厳しい家庭環境の下にある」「荒れている」「いじめにあいやすい」などなど、重たい課題を背負う子にこだわることが重要なのである。

　もちろん、ほっておけば、彼・彼女らが疎外され、教室から排除される恐れがあるということもある。しかし、より重要なことは、その子たちの教室での"ありよう"が、じつはクラスのその時点での"本質"を映す鏡であるということだ。

　「障がいのある子がクラスで疎外されている」「外国にルーツのある子が、そのことを表に出せず、アイデンティティが揺れている」「荒れている子がクラスの子どもたちから嫌われ、恐れられている」などといったことは、その子どもたちの問題というだけでなく、クラスの状況が、その子らをしてそういう状況にならしめているということなのだ。まさしく、彼・彼女らの姿にクラスの本質が表れているのである。

　いつだったか、新聞で読んだのだが、日本で野生動物の姿を撮りつづけてきたある写真家の写真に映しだされていたのは、高齢化や過疎化がすすみ人がいなくなった家屋や耕作が放棄された田畑に出没する動物の姿であった。その記事には「映し出されているのは、日本社会のいまの姿だ」という趣旨のことが書かれていた。この記事を読んだとき、ぼくは、「課題を背負う子の"ありよう"がクラスの"本質"を映す」ということと同じだと思った。

　だからこそ、学級づくりは、課題を背負う子にこだわるべきなのである。そして、彼・彼女らによって、クラスの本質を知ることができ、実践の課題をみいだすことができるのである。「クラスは楽しいか？」って誰に聞くのか。何よりも、課題を背負う子にこそ聞くべきことなのだと思う。

　よく、「どの子とも平等に接するべきで、特定の子にこだわるべきでない」

ということを唱える人がいる。しかし、たとえばここに、それぞれ違う分量の水が入ったコップがあるとする。コップは子ども、水は家庭や地域の"愛"だとする。子どものなかには、その水が満タンに近い子もいれば、ほんの少しの子もいる。課題を背負う子の多くは、"愛"という水の乏しい子だ。だとしたら、教師がたくさんの"愛"を注いでこそ、初めて満タンになることができるのである。実際に「誰にも同じように」子どもたちに接すれば、その担任は、課題を背負う子とはつながれず、クラスの本質は視えない。そして、結局は誰をも大切にしないことになるのである。

　四つめは「起こった問題を学級づくりのチャンスに変える」ということである。30人前後の子どもが日がな一日狭い教室で過ごすのである。しかも、成長過程にあり、さまざまな困難をかかえる子どもたちである。これで問題が起こらないということなどありえない。「言い争い」もするだろう。「殴りあい」になるかもしれない。誰かを「仲間外れ」にしたり「いじめ」たりもあるかもしれない。誤解を恐れずにいうなら、自然なことである。もし、「自分のクラスでは問題は起こっていない」などという担任がいたら、まったく子どものことが視えていない教師だということになる。「学級づくりに長けた教師」とは、問題を起こさせない教師ではなく、クラスで起こった問題を学級づくりにつなげることができる教師のことなのだ。

　「ケンカ」「いじめ」「対立」、はたまた「授業の不成立」など、学級で問題が起こるのは、起こるべくして起こるのである。プロ野球の阪神などで監督を務めた野村克哉さんの言葉に「勝ちに不思議の勝ちあり、負けに不思議の負けなし」というのがある。すなわち「負ける」にはかならず理由があるというのが野村さんの説である。学級で問題が起こるのも同じである。そこにはかならず理由があり、その時点でのクラスの弱点が表れていると捉えるべきなのだ。

　だからこそ、問題が起こったとき、その理由を起こした個人だけに帰せず、クラスの弱点がもたらしたのだという視点をもち、解決の道を探るこ

とが重要なのである。そして、「今後、クラスとしてどうしていけばいいのか」と考えることで、クラスは成長する。すなわち、起こった問題を解決するうえで大切なことは、クラスを「問題が起こる前」の状態に戻すことではなく、「ワンランク上のクラス」にするということである。これができて初めて「起こった問題を学級づくりのチャンスに変える」ことになるのだ。問題が起こったクラスが「悪いクラス」なのではない。そこには、クラスをより良くする糧がある。しかし、その糧を生かせず、問題を放置し、糧を腐らせてしまっては、クラスは「悪いクラス」になってしまう。

学級づくりの3要素

　ぼくは、学級づくりには三つの要素があると思っている。「担任として一人ひとりの子どもとつながる人間関係づくり」「子どもと子どもをつなぐ仲間づくり」「保護者・地域とつながる協働づくり」の三つである。
　もちろん、それぞれの大切さに差はない。また、はっきりと分かれているわけでもない。三つの要素が有機的につながってこそ、学級づくりは達成できるともいえる。
　しかし、あえていうならば、「子どもとつながる」ことこそが、まず基本である。そもそも、担任として、子どもとつながることができずして、子どもと子どもをつなぐことなどできるはずがない。担任が、たとえば障がいのある子や荒れている子など、自分もうまくつながれてない、あるいはつながろうとしていない子を挙げて、クラスのほかの子に対し「支えよう」「関わろう」と呼びかけても説得力をもたないだろう。
　「教育は背中でするもの」という言葉もある。担任として、課題を背負う子をはじめとして、クラスの子どもたちと人間関係を切り結ぼうという姿勢があってこそ、子どもたちに「つながる」ことの大切さを提起することができ、子どもと子どもをつなぐことが可能になるのである。

また、今日では、学級づくりだけでなく、すべての教育活動において、保護者・地域との協働は欠かせないが、これとて、子どもとつながることができ、子どもからの信頼を得てこそ、なし得ることである。とくに保護者は、わが子の言動から担任の人柄や教師としての力量を推し量ることが多い。世にいう「モンスターペアレンツ」も、担任が子どもとの関係をうまくつくれないがゆえに、保護者が担任に不信感をもつことから生じるのである。
　もちろん、子どもとつながりきれていないから、子どもと子どもをつなぐこと、保護者・地域との協働をめざすことに着手しても意味がないということではない。これら三つの要素はそれぞれが有機的につながっている。4月以来、それらを同時進行的に進めそれぞれがうまくいくことは、相互にいい影響をもたらすのである。

子どもとつながる担任力

　子どもが信頼する教師とはどんな教師なのか。ぼくは、きちんと子どもの話を聴く教師だと思っている。
　子どもというものは、じつは、自分のことを聴いてほしくて仕方ないものである。だから、休み時間ともなれば、職員室へ、あるいは教室で次の授業の準備などをしているところへやってくる。ときには、そんなに話さなければならないことがなくても、ただ自分という存在に目を向けてほしくてやって来る。そんな子どもが「先生〜」と言ってきたとき、教師はどんな対応をしているだろうか。たしかに、いまどきの教師は忙しい。休み時間とはいえ、子どもから集めたノートを見たり、プリントの丸つけをしなくてはならないかもしれない。次の時間の準備に追われたり、教育委員会からの調査などへの回答をせかされているかもしれない。その結果、子どもたちを「忙しいから後で来て」と追い返してはいないだろうか。また、

たとえ聴いたとしても、「手を離せないから、そこから言って」と子どものほうを見ずに聴こうとしていないだろうか。これでは、子どもは「聴いてもらった」とは感じない。

　生活指導の場面で子どもを問いただしたり、叱ったりするとき、教師はよく「先生の眼を見て話しなさい」と言う。しかし、子どもの話を聴くとき、教師は子どものほうを向いて聴くことができているのだろうか。話し手に正対して話を聴くということは、人の話を聴く際のもっとも初歩的かつ重要な姿勢である。したがって、どんなに忙しくても、子どもが「先生〜」と言ってきたら、手を止め、身体を子どものほうに向けて話を聴きたいものである。そうしてこそ初めて、子どもは「先生に話を聴いてもらった」と感じることができるのだ。

　さらには「共感的に聴く」ことが大切だ。共感的に聴くとはどういうことか。それは、子どもとの会話でいうなら、子どもが発した言葉の背景、すなわちその言葉に込められた子どもの心情に共感するということだ。

　定年退職の年、教師生活の最後に担任したクラスに、毎日のように放課後職員室に来る女子生徒がいた。彼女の話はいつもこうだった。「今日はクラブ行きたくないねん」「クラスの〇〇が私の悪口言うてる」「今度のテストは絶対悪いに決まってる」などなど、どちらかといえば否定的な内容が多かった。たとえば「クラブに行きたくないねん」という彼女の言葉にどう答えることが「共感的に聴く」ことなのか。「そんなん言わんとがんばっていこう」と答えたり、「何で行きたくないの？」と問いただすことか？　そうではない。

　哲学者の鷲田清一さんは『「聴く」ことの力』のなかで、末期医療の研究者によるターミナル・ケアをめぐるアンケートで、設定された「わたしはもうだめなのではないでしょうか？」という患者の問いにどう答えるべきかという設問で、解答欄の五つの回答パターンのうち、精神科医の選んだ答えは「もうだめなんだ……とそんな気がするんですね」だったことを引用し、「『〜というわけですね』というふうに、じぶんのことばを受けと

めてもらえる経験、じぶんのことばを聴きとってもらえる経験が、受苦者にとってはとても大きな力になる」と述べている。

　すなわち、その女生徒の「今日はクラブ行きたくないねん」には、「そうか、クラブに行きたくないねんな」と答えることが必要なのである。その教師の言葉に触発されて、彼女は、「なぜそんな気持ちになったのか」と自問するかもしれない。その結果、自分の気持ちに向きあい、気持ちの整理ができるかもしれない。それが、共感的に聴くということである。鷲田さんはいう。「聴くことが、ことばを受けとめることが、他者の自己理解の場を劈くということであろう」。子どもの話を聴くとき、こういう聴き方をしたいものである。

　「子どもの話を聴く」とは、自ら教師に話しに来る子どもの場合だけではない。クラスには、教師に話したくても、話しかけることが苦手な子どもがきっといる。そんな子どもの気持ちを察知したり、逆に教師の側から話を引き出すために、「どうした？」「元気か？」などと声かけをすることも必要だ。いやむしろ、より重要なことは、そうした子どもの話を引き出し、聴くことかもしれない。

　次に大切なことは、子どもの言動の背景に思いをめぐらすことである。とりわけマイナスの言動に対して、「なぜ、あんなことを言ったんだろう」「なぜ、あんな行動をとったんだろう」と考えてみることである。

　よく、子どもの言動に手を焼いて「もう〇〇ったら、ワケがわからんわ」と嘆く教師がいるが、そんなことはない。子どもの言動にはかならずワケがあるのだ。そのワケに思い至る想像力をもちたいものである。もちろん、その想像力が、教師のかってな思い込みであってはならない。そうならないためには、子どもとのやりとりやその言動の背景をいろいろな角度から探るなかで想像力を働かすことが必要である。けさ出がけに親とケンカしたのかもしれない。親との関係がよくないということが背景にあるかもしれない。日ごろからクラスの人間関係でモヤモヤした気持ちをもっていたのかもしれない。教師の言動に傷ついた結果かもしれない。そうした、さ

まざまな要素の有無を探りながら、それらをつなぎ合わせ、子どもの言動の背景に思い至る想像力が必要なのである。

　退職してから、教育専門員という資格で中国にルーツをもつ子どもの支援をするために、ある小学校に非常勤で4年間勤めていた。ある年、市内の別の小学校から2年生の女の子が転校してきた。ぼくは、その学校で、放課後に中国にルーツをもつ子が集まって、一緒に宿題をしたり、遊んだりする教室の担当だった。その子は、そこへやって来ると、ちょっとしたことで「ボケッ」や「死ね」という言葉を口にしながら、ぼくの手をつねったり、叩いたり、ときには足蹴にするという行動をとる日が続いた。ぼくだけではない。ほかの教師のなかにも職員室や廊下で、彼女のそうした行動の被害にあう人がいた。あるとき、そのうちの一人が、その子の担任に向かって「叩かれたり蹴られたりして困っている。注意してもやめない。担任からきつく叱ってほしい」と申し入れているところに出くわした。そのとき、ぼくはその担任の教師に申し入れるという行動に違和感をもった。「あの子がなぜそうした行動をとるのかということをもっと考えるべきではないのか」と考えたからである。その子が転校してきたのは両親が離婚して、母方の祖父母と一緒に暮らすことになったからだった。しかも、その口ぶりから彼女自身は父親が好きだったらしいことが察せられた。たかだか8歳の少女である。その心中を思いやることが大切だと思わずにはいられなかった。また、日本へ来て1年ちょっとで日本語はおぼつかない。そんな彼女が教室で一日中シャワーのように日本語をあびているわけで、そのストレスにも思いを馳せるべきだと考えた。しかも、そうしたつらさを教師や級友に伝える言葉をもつことができていないのである。だからこそ、叩いたり蹴ったりというボディーランゲージで、感情を発散させているのではないか。ぼくにはそう思われたから、担任に厳しく叱ることを申し入れた教師の行動に違和感をもったのである。もちろん、ぼくとて叩かれたくはない。蹴られたくもない。そこで、彼女と接するときは、彼女のそうした行為をうまくかわしながら、彼女の気持ちには寄りそうことを心

がけたのであった。
　そうして半年以上が経ったある日の放課後、その教室にやってきた彼女は、ぼくにかわいい便せんに書かれた1枚の手紙をくれた。そこにはたどたどしい字で次のように書かれていた。
　「いその先生へ、いつもなかまきょうしつのときに<u>けたり</u>して（けったりしての意―著者）いじめたりして<u>こめんなさい</u>（ごめんなさいの意―著者）。でも先生は世かいで一ばん<u>かこよくて</u>（かっこよくての意―著者）やさしくておもしろい先生です」
　この手紙を読んで、ぼくは、彼女の「叩く」「蹴る」がボディーランゲージだと考え、その向こう側にあるものに思いを馳せ、そこに寄りそおうとしたことが間違いでなかったと強く思ったのであった。
　そして、子どもを丸ごと受けとめるということである。
　欠点のない人間などいない。ましてや子どものことである。教師にとって必要なことは、一人ひとりの子どもを欠点も含めて存在丸ごと肯定することである。教師はつい、子どもの欠点（だと教師が考える面）に目がいき、そこを正そうとしてしまう。長い目でみれば、そうした接し方も必要なのかもしれないが、出会っていきなり、子どもの欠点を正そうとすれば、子どもとの距離は広がるばかりであろう。つながるなどということはとてもできないのではないか。だからこそ、まずは、子どもをありのまま受けとめるということが、子どもとつながる出発点なのである。
　人と人の交流はキャッチボールに例えられることが多いが、教師は、子どもたちの投げるボールを、どのようなボールであれ、身体で受けとめることが求められるのである。教師がよく言うところの「よい子」たちであれば、ストライクを投げてくることが多いだろう。しかし、なかには、教師までボールを届かせられない子もいる。そんなとき、教師は、子どものそばまで行ってボールを拾うことが必要だ、また、荒れている子などは、悪送球をしてくるかもしれない。それでも教師は、身体でボールを受けとめることが必要なのだ。逆に子どもに向かってボールを投げるときは、一

人ひとりに受けとりやすいボールを投げることが求められる。いかに「正しい」ことでも、快速球や剛速球ばかりでは、受けとめられない子どももいる。相手に合わせて、その子が受けとめられる言葉のボールを投げられる教師でありたいものだ。

　こうして、教師に丸ごと受けとめられてこそ、子どものなかに自尊感情が育つ。自尊感情を育むうえでもっとも大切なことが、この「受けとめられている」という感覚なのである。

　少してれくさいが、ぼくは、子どもに向かって「君のことが好きだよ」とか「君のことを大切に思っているよ」ということを視えるかたちで伝えることが必要だと思ってきた。

　ぼくは、学級通信を学級づくりの柱のひとつに位置づけてきたが、年に一度は「君たちのここが好き」号を出し、子どもたちを丸ごと受けとめることを期してきた。その一例を紹介しておきたい。

ぼくはみんなのここが好き

アヤカ…いつも明るくふるまおうとしているところがスキ。
ユリ…なぜか話すとほっとする気分になるところがスキ。
マミ…"甘えっ子"のようで芯はしっかりしてるところがスキ。
チズ…ずるく生きられそうにない一生懸命なところがスキ。
サヤカ…応援団で見せたような熱くなるところがスキ。
マリ…「なるほど」と思わせる分析力をもっているところがスキ。
トヨカズ…ちょっぴり大人の対応ができるところがスキ。
ショウタ…ときおりとても澄んだ目を見せるところがスキ。
ショウジ…こちらの注意を"フッフッフ"とすり抜けるところがスキ。
タイチ…とても大事な話をギャグっぽく言えるところがスキ。
コウタ…「おもしろい」面を隠してシブク振る舞うところがスキ。
サトシ…とっても家族思いのところがスキ。

エリカ…隠れたしっかり屋さんで任せられるところがスキ。
カオリ…"純"な心のもち主なところがスキ。
ユカコ…な〜んかこちらが頼りにしてしまいそうなところがスキ。
リナ…その"無邪気"さでこちらが癒されるところがスキ。
アオイ…いつまでももちつづけてほしい素直さをもっているところがスキ。
ミキ…環境が変わったなかで自分と闘っているところがスキ。
ヒロシ…陰ひなたなく掃除するほどまじめなのに悪っぽく振る舞うところがスキ。
タケシ…しっかりしてそうでちょっとひ弱なところがスキ。
ヤマト…ニヤッと笑って様子をうかがうところがスキ。
ユウタ…そっと友だちを助ける優しいところがスキ。
アキラ…まじめでしっかり見えて本当はちょっとうっかり屋のところがスキ。
ヒロシ…うまく立ち回ったりしない武骨なところがスキ。
マコ…何事にもまじめに考えるところがスキ。
ミカ…めげない強さを秘めているところがスキ。
アサコ…クラスのあり方などで前向きに考えられるところがスキ。
ミエ…すごく友だち思いのところがスキ。
フミコ…人から頼られる面と"甘えた"の面とを合わせもっているところがスキ。
ヒトミ…隠れた"茶目っ気"のあるところがスキ。
ダイチ…イヤなこと言われても聞き流しているところがスキ。
セイジ…こと野球にかけてはちょっぴり自信家なところがスキ。
サトル…本当はすごく優しい心をもっているところがスキ。
ヨシオ…人を楽しませてくれるサービス精神旺盛なところがスキ。
ユウヘイ…いつもヒョウヒョウとしているところがスキ。
コウタ…憎めないひょうきんさのあるところがスキ。

> ＊実際に実名で配布したが、出版に際し仮名とした。
>
> （2005年度3年5組学級通信「ともに」第47号から）

　このように、機会をみつけ、子どもたちを丸ごと受けとめようとしていることを示すことで、子どもたちのなかに「受けとめられている感」が生まれるのではないだろうか。
　このように、「子どもの話を共感的に聴く」「子どもの言動の向こう側にあるものに思いを馳せる」「子どもを丸ごと受けとめる」といった姿勢があればこそ、教師は子どもとつながることができるのである。

子どもをつなぐ
――人はどんなときに「つながった」と感じるのか

　よく、「人」という字は、ヒトが支えあう存在であることを示しているといわれる。また、ヒトを「人間」といい、人の「間」と書くのは、ヒトは他者との関係性のなかで生きていることを表しているともいわれる。
　たしかに、古来、原始共産制社会においては、人類は共同で狩りや採集を行うことで、ようやく生命を維持してきた。また農耕社会においても、田植え、草抜き、稲刈りなど、どれをとっても農業は村人の共同作業を抜きにしては成立しなかったはずだ。そもそも人類は、その誕生から「つながる」ことで、個々の命と種を維持し、社会を次の世代へと継続させてきたのである。おそらくは、当時の人々にとっては、「つながる」といった意識もなく、生きていくうえで当たり前のことであったはずだ。
　しかし、産業革命後の工業化社会のおとずれと、それに続くポスト・モダン社会、さらには、今日のようなIT社会の登場で、金さえあれば、コンビニ、ネットショッピング、宅配の利用で、あたかも「一人でも生きていける」かのような意識が生みだされた。その結果、人々から「つながる」ことが当たり前という意識が希薄になった。「つながる」ことを意識しな

いと「つながる」ことがむずかしい時代がやってきたのである。たとえば、東日本大震災の折に「絆」ということがさかんにいわれたが、いまや「絆」は、当たり前にわれわれの社会にあるのではなく、強調されないと人々の心や行動様式に根づかないものとなってしまったことを如実に示したのが、あの震災であった。
　現在の子どもたちは、このように「つながり」の希薄な社会のなかで生きている。したがって、当たり前のこととして「つながり」の大切さを意識しているわけではない。少し前なら、同じ教室にいるだけで、程度の差こそあれ、子どもたちは自然と「同じクラスの仲間だ」と考えることができた。教師の「同じクラスなんだから」という言葉も自然と子どもたちに受け入れられた。しかし、現在では、同じ教室にいても、いつも行動を共にしている数人のメンバーがすべてで、メンバー以外の子との関わりはきわめて薄いといわれている。教師が「同じクラスなんだから」と訴えても、子どもの心には響かないというわけだ。だからこそ、担任が、子どもたちを目的意識的に「つなぐ」ことが必要になってくる。学級づくりにおいて、意識して「子どもと子どもをつなぐ」ことができるか、そこにこそ担任力が問われるといえるのである。
　その担任力を考える前に、そもそも人が「つながる」とはどういうことなのか。人はどのようなときに「つながった」と感じるのかを考えておきたい。
　ぼく自身の体験について述べてみたい。時は、1960年代末、政治の季節だった。学生だったぼくは、よくクラスメイトとともに学生デモに参加した。手をつないで大通りいっぱいにひろがるフランスデモ。そこで歌われた「インターナショナル」。立ちふさがる機動隊。そのとき感じた、その場の仲間たちとの一体感は、ぼくがそれまで感じたことのなかった「つながった」感であった。いまひとつは、そこから10年少しが経った1980年代初頭のことである。ぼくは、教師になっていた。そのころは日本中の中学校が「荒れ」ており、「戦後の荒れの第3のピーク」などといわれて

いた。毎日のように新聞は全国各地の中学校での子どもたちの対教師暴力や学校破壊を伝えていた。ぼくの勤めていた中学校も例外ではなく大荒れだったが、教師集団で何度も何度も話しあいをもち、ある年、保護者にも宣言し、「荒れを克服する」取り組みを全教職員で開始した。4月来、一瞬たりとも心が休まることがない1年間ではあったが、「考え方の違い」を乗り越え、力を合わすことに成功した同僚たちの間には、それまでにない一体感が生まれた。それ以降、ぼくは、そのときの同僚たちとの間に感じた一体感を「つながった」とは何かを考えるときの原点にしてきた。

さて、いまどきの子どもたちの「つながった」感についてである。

人が他者と「つながった」と感じるのは、ぼく自身の経験でも述べたが、「共通の目標にむかって行動するなかで一体感を覚えた」時である。学級づくりには、その学級がめざす「目標」、すなわち「めあて」が必要だということに先に述べた。その「めあて」の実現にむけて、さまざまな場面で子どもたちが一体となってとりくみ、そこに一体感が生まれたら、子どもたちは、当然「つながった」を感じるだろう。

次に、「他者の考えに共感・共鳴した」ときである。また、「他者の考えを知り、それまでとは異なる一面を知った」ときも、その他者との「つながった」感が生まれる。すなわち、学級での日常生活のなかで、子どもたちが自分の考えを表明し、他者の意見を聴きあう場面をつくりだすこと、また、個々の子どもたちの内なる声を学級のなかへ明らかにする担任の「しかけ」が求められる。そうすることで、子どもたちが「そうやったんかァ」「自分にもあるある」「あの子ってそんなふうなことを考えてたんや」「あの子のことがよくわかった」などと感じたら、子どもたちのなかに「つながった」感が生まれることになる。

さらに、自分が属す集団のなかで、「自分が必要とされている」と感じることができたなら、人は、その集団を構成する人々と「つながった」と感じるだろう。学級においても、すべての子どもにスポットライトが当たり、すべての子どもに活躍する場面があり、子どもたちが「自分はこのク

ラスで必要とされている」と感じられることが重要なのである。
　「子どもと子どもをつなぐ」担任力とは、学級づくりのなかでこうした場面をつくりだす力のことである。心理学者の三浦佳世さんは、「共視論」のなかで「同じものを見、同じものに注意を向けることは、相手と心を通わせることにおいて大きな意味をもつ」[*10]と述べている。また、同書の編者である北山修さんは、かつてはフォーク歌手であり、彼の「あの素晴らしい愛をもう一度」には「あの時同じ花を見て　美しいと言った二人の心と心が」[*11]という一節がある。すなわち、子どもたちに「つながった」感が生まれるためには、子どもたちが「同じもの」を視るということが不可欠なのであり、その場面を「しかけ」ることが担任力なのである。

子どものつながりを阻害する教室の空気

　ただし「学級づくり」を考えるとき、教室の子どもたちの事実を無視して、「学級はかくあるべし」という理念から取り組みをすすめてもうまくいかない。何よりも大切なことは、教室にある子どもたちの実態を把握することである。そこから、自分がめざす学級にむかっての道筋を考えることで、学級づくりが進んでいく。したがって、まず、いまどきの子ども社会の"現実"をみつめるところから、子どもをつなぐ術を考えたい。
　人と人の関係が希薄になったといわれる現代社会の空気は、子どもたちの世界のほとんどを占める教室での日常にも大きな影をおとしている。以下、教室にある「つながる」ことを阻害している"空気"について考えてみたい。
　本当の意味で、また深いところで、人と人がつながるためには、「本音をぶつける」ということが必要だ。本音でぶつかれば、いったんは相手を傷つけたり自分も傷ついたりすることがあるかもしれない。しかし、「雨降って地固まる」の言葉があるように、そこを乗り越えて、本当にわかり

あえたとき、人はつながることができるのだ。ところが、最近の若者は、この「本音を出す」ということがきわめて苦手だ。むしろ、本音を出さず、相手を傷つけず、自分もまた傷つかないように気づかいしながら、他者とのコミュニケーションを取るといわれている。土井隆義さんは、こうした若者たちの人間関係を「優しい関係」とよび、「周囲の人間と衝突することは、彼らにとってきわめて異常な事態であり、相手から反感を買わないようにつねに心がけることが、学校での日々を生き抜く知恵として強く要求されている」[*12]と述べている。これでは、子どもたちを「つなげる」ことはむずかしい。だからこそ、学校や教室での子ども・若者の心象を歌う、人気のアイドルグループAKB48は「大事な時間」（2012年）で、「生きていくことって　疲れるよね　いろいろと…　まわりに気を遣って　知らず知らず　無理をしてる」と歌っているのである。

　ならば、気づかいしたくなければ１人でいたらいい、といいたいところだが、そうはいかないらしい。むしろ、子どもたちにとって、「友だちがいない」と思われたり、一人ぼっちでいるところを見られたりするのはとてもつらいことなのだそうだ。現役時代のあるとき、昼休みに生徒に用事があって教室に行くと、クラスの子が「○○なら、図書室と違うかな」と教えてくれたので、図書室へ行ってみた。図書室の戸をガラッと開けたときに、目に飛び込んできた光景はいまも忘れることができない。そこは、教師の会議で、「友だちがいない」「いじめられているかも」などと名前が挙がっていた子どもたちで満員だった。しかも彼・彼女らはお互いに言葉を交わすことなく、一心にマンガを読んでいる。満員の図書室は水を打ったようにシーンとしていた。ぼくは、この異様とも思える風景に驚かされたのだ。そして、ぼくは一瞬にして悟った。その子たちは、昼休みに話したり、遊んだりする相手がおらず、だが、「一人ぼっち」でいるところをクラスメイトに見られることが嫌で、図書室に避難してきていたのであった。

　だから子どもたちは、無理にでも、「友だち」がいると装い、「友人」と

仲良くしているかのようにふるまう、というか自分にもそういい聞かせている。教室では、いつも「仲良しグループ」と一緒だ。用事があって職員室に来るときも、休み時間にトイレに行くときも、つねに数人で連れ立っている。ときには、グループで輪になって、大仰なしぐさと大声でこれ見よがしに笑う。それは、「自分たちは仲間なんだ」とアピールし自分たちでも確認する儀式のようなものだ。しかし、この「疑似友だち」や「疑似仲良しグループ」を演じることはストレスが大きい。しかも、最近では、SNSの広がりがそれに輪をかけている。家に帰っても「友だち」は追いかけてくるのである。東洋大学が毎年募集している「現代学生百人一首」で2014年度に選ばれた愛知県の女子高校生の短歌に「『無視された』『まだ見てくれない』『返事して』そんなに大事？『既読』の二文字」とあるが、「友だちとつながる」ことのしんどさをよく表している。

　こうした「友だちがいないことははずかしい」や「友だちとつながらなければ」という強迫観念のことを、小林道雄さんは、ある家裁調査官の言葉として「つながってなくちゃなんない症候群」[*13]だと紹介している。学級づくりは、このような子どもたちの「友だち」というものについての心情を壊すところから始めなくてはならないのかもしれない。

　そのうえに、大人の社会と同様に、教室では「みんなと同じ」という同調圧力が働く。いや日本の学校は、「みんなと同じ」ということが教師からも要求されるという面があり、その圧力は大人社会以上である。

　たとえば、本来は運動会や体育祭、文化祭といったイベントは子どもたちをつなぐ役割を果たすが、これとて、一部の子どもたちが「盛り上がる」ことをクラス全体に「強要」するといったこともあり、そうできない子どもたちを「しけたヤツ」などと揶揄し、いじめや排除につながることもある。同調圧力によって、みんなと同じ行動をとらざるを得なくなっていることと、「つながる」ということはまったくの別物なのにである。

　さらに、小学校も高学年になれば、子どもたちのなかに「グループ化」が始まる。グループ化そのものは、人が社会生活を営んでいくうえで避け

られないことかもしれず、グループ化＝悪とはいえない。問題は、往々にして、そのグループ間に上下関係ができるということである。教室のこうした問題を研究している鈴木翔さんは「クラスメートのそれぞれが『ランク』付けされている状況。これはメディアや教育評論家の間で、『スクールカースト』と呼ばれています」[*14]と、「スクールカースト」という言葉を紹介している。そして、どのような子どもたちが「スクールカースト」の上位を構成するのかについて、生徒たちへのインタビューから、「共通点の一つ目は『にぎやかな生徒』だということ。そして『気が強い生徒』『若者文化へのコミットメントが高い生徒』、あとは『異性の評価が高い生徒』などが挙げられています」[*15]と述べている。また、「下位だと見なされるグループに所属する生徒になんらかの特徴を見出すことは、かなり難しい」「挙げられる特徴も、『地味』や『おとなしい』といったものがほとんど」[*16]であったとしている。

　このように教室の子どもたちの関係に上下関係があっては、子どもたちが同じクラスの子を「仲間だ」と感じる、すなわち「つながっている」と感じることはむずかしい。「下位」のグループに属す子はいじめにあいやすいし、つねに「上位」のグループに遠慮しなければならない教室というのも、けっして居心地のいいものではないだろう。すなわち、子どもたちの関係ができるだけフラットであってこそ、「仲間意識」は生まれるのである。

　思いつくままに、教室にある子どもたちの「つながり」を阻害する要素を書き出してみたが、いまさらながらに、その多さに「学級づくり」の困難さを感じざるを得ない。しかし、それでもというか、だからこそというべきか、子どもたちをつなぐ「学級づくり」は重要な教育実践なのである。菅野仁さんは、『友だち幻想』のなかで述べている。「一人でも生きていくことができてしまう社会だから、人とつながることが昔より複雑で難しいのは当たり前だし、人とのつながりが本当の意味で大切になってきている」[*17]と。ぼくも、まったく同感である。

第1章…「担任力」とは何か　35

学級づくりはどこから始めるべきか

　このように、4月当初の子どもたちはけっして「真っ白なキャンバス」ではない。「つながる」ことを阻害する空気に多少なりとも染まっている。さらには、前年度のクラスでのありようを引きずってもいる。「いじめ」「からかい」などにあった子は、「今度のクラスでも同じことがあったらどうしよう」とビクビクしているかもしれない。スクールカーストが顕在したクラスで、上位でクラスを牛耳っていた子は、「今度のクラスでも」と思っているかもしれない。担任と折りあいが悪かった子は、新しい担任を冷めた目でみているかもしれない。

　学級づくりというのは、こういう状況のなかでスタートするのだ。したがって、焦りは禁物だ。「〜なクラスにしたい」という「めあて」をもつことは大切だが、そこに至るには長い道のりが必要だと覚悟しておいたほうがいい。

　学級づくりのスタートにあたっては、何よりもまず、「つながり」を阻害する教室の空気を減少させること。そして、個々の子どもの不安を和らげることから始めることが重要であり、そのことが、担任の「思い込み」による「空回り」を防いでくれる。キャンバスの例えでいうなら、まず、そこに塗られている色を削ったり、薄めたりするところから始めるということだ。

　ぼく自身は、クラスというものは、「群れ」→「友に」→「共に」→「伴に」という過程を経て深まっていくのではないかという仮説を立てていた。なかでも、ぼくは、1学期の「群れ」状態を「友に」という関係に変えていくことを重視していた。ゲームやクラス独自のイベントをとりいれたり、自己紹介にも工夫したりして、子どもたちが、一日も早く「このクラスって楽しそう」「このメンバーとならいいクラスになるかも」「この先生とな

ら一緒にクラスをつくれる」と感じはじめるよう、4月から5月、1学期初めの学級づくりを丁寧に進めることを心がけた。

　当然、子どもたちにも、「学級びらき」で、そうした見通しを話しすることもあった。

　3年5組の学級通信の題を「ともに」と名付けた。漢字では"友に""共に""伴に"の三つの意味を込めている。

　それぞれ、5組を「感動的な卒業式」を迎えられるクラスにしていくための学期ごとの"めあて"を表しているんだ。

〈友に（1学期）〉

　今日、みんなはこの教室で出会った。なかには友だちがいるかもしれないし、知っている人もいるだろう。でも、クラス全体としては単なる"群れ"と呼んだほうがいいかもしれない。

　1学期の"めあて"は、1日も早くみんなが友だちになること。クラスのなかに"友だち"と呼べる関係をつくることだ。そのために、修学旅行は最大のチャンス。最高の修学旅行にするためにさっそく準備にとりかかろう。

〈共に（2学期）〉

　2学期には文化祭・体育祭がある。中学校生活最後の学園祭だ。

　2学期の"めあて"はクラスのみんなで協力して演劇or合唱、全員リレーや学年種目などにとりくみ、クラスのなかに「共にがんばる」という関係を築くことだ。

〈伴に（3学期）〉

　2学期末から3学期にかけて、いよいよみんなは進路を決めなくてはならない。

　この時期、おそらくは誰もが不安にかられる。「孤独感」にとらわれる人もいるだろう。「クラスのことや友だちのことなんてかまっていられない」という気分になってしまうかもしれない。

第1章…「担任力」とは何か

でも、そんなときだからこそ、1人ぼっちにならず、お互いを支えあって（それが"伴"という字の意味）、「進路の壁」を乗り越えていってほしい。
　すなわち、3学期の"めあて"は「1人でいると不安だけど、学校でみんなの顔をみていると心が落ち着く」というクラスにするということだ。
　これらの三つの「ともに」をつくりあげたとき、5組はまちがいなく「温かいクラス」になっているし、「感動的な卒業式」を迎えられるよ。

（2005年度3年5組学級通信「ともに」第1号から）

　もちろん、クラスは生き物であり、起こった問題に立ち向かうことなどで、早い時期に質が深まることもある。逆に、ぼくも経験があるが、「ある程度は『めあて』に近づけたかな」と思っていたクラスが、3学期にガタガタと崩れることだってある。
　以上のようなことを踏まえたうえで、学級びらきで、担任として「どのようなクラスをめざすか」ということを提示し、「みんなと一緒にクラスをつくっていきたい」と呼びかけるところから学級づくりは始まる。

三つの「なる」で5組を"素晴らしいクラス"に

　この1年、みんなには次の三つの「なる」をめざしてほしいと思います。
◎自分を好きに「なる」
　一つは「自分を好きになる」の「なる」です。小学校のとき、みんなの周りには「いじめ」はありませんでしたか？　他の人を傷つけるようなことを言う人はいませんでしたか？
　「いじめ」や「他の人を傷つける」行為をする人の多くが「自分を

好きになれない」人だといわれています。だから、みんなが「自分を好きになる」ことができたら、5組は「いじめ」のない、「他の人を傷つける」ことのないクラスに「なる」のです。

◎みんなと仲良く「なる」

　次に、「みんなと仲良くなる」の「なる」です。今日、みんなが5組の教室で出会ったのは偶然です。でも、せっかく出会った38人とぼくです。この1年、一緒に生活し、笑ったり、泣いたり、怒ったりしながら、お互いのことをよく知りあい、お互いを認めあい仲良くなれたら、5組はきっとみんなにとって「いごこちのいいクラス」に「なる」と思います。

◎一人ひとりが主人公に「なる」

　そして「一人ひとりが主人公になる」の「なる」です。中学校には、小学校ではなかった体育祭や文化祭といったイベントがあります。1学期には滋賀県の近江八幡というところでの宿泊行事もあります。そういった行事などを、「一人ひとりが主人公になる」ことで大いに盛り上げ、たくさんのドラマが生まれたら、5組はきっと「明るくて活発なクラス」に「なる」はずです。

　この三つの「なる」を5組のみんなにいつも心の内にもっていてほしいと思って、学級通信を「る・る・る」と命名しました。サァ三つの「なる」を実現して、5組が"素晴らしいクラス"に「なる」ことをめざしましょう。

　　　　　　　　（2006年度1年5組学級通信「る・る・る」第1号から）

子どもをつなぐ「つなぎの素」は

　学級づくりにおいて、子どもと子どもをつなぐ際に、前述の三浦さんの

いう「同じものを見、同じものに注意を向ける」の「同じもの」とは何か。何をともに「視た」時に、子どもたちは「つながった」と感じるのか。

　中学校を退職し大学で教鞭をとることになったとき、「子どもたち自身はいったいどのようなときに『つながった』と感じるのだろうか」と思い、ある中学校の３年生３クラスと小学校６年生３クラスで「あなたは、この１年でどのようなときにクラスの仲間とつながったと感じましたか」というアンケートを取らしてもらった。それによれば、中学生の答えのベスト３は「体育祭の全員リレーのとき」「文化祭の練習と発表」「修学旅行での自分を語るミーティング」だった。また小学生のベスト３は「運動会の組体操」「児童会祭の劇の発表」「修学旅行の夜に部屋で友だちと話したとき」だった。

　たしかに、運動会や体育祭、文化祭や児童会祭などは、クラスで練習にとりくむなかで一体感が生まれやすい。また、「やりきった」という達成感も一体感を生む。「修学旅行のミーティング」や小学生の「部屋で友だちと話した」ことも、「他者の思いを知る」「他者の思いに共感する」などを通して、より深い「つながった」感が生まれる。さらに、アンケートをお願いした中学校の１クラスには、重たい障がいのある生徒が在籍していたが、このクラスのアンケートでは「障がいのあるクラスメイトをみんなで支えたりしたときにつながったと感じた」と答えた生徒が数多くいた。これは、障がいのある生徒がクラスの生徒たちをつないだということを意味している。

　すなわち、「障がいのあるクラスメイト」のように、「人」が子どもたちをつなぐ「つなぎ」役になったのである。また、運動会・体育祭、文化祭といった「活動」も子どもたちをつなぐ「つなぎ」となった。さらに、それぞれの子どもの「思い」も、共鳴や共感が生まれれば、子どもをつなぐ「つなぎ」になるのである。そして、これらの「つなぎ」は教室に当たり前に存在している。教室には児童・生徒という「人」がいる。学校行事、学年行事、学級行事など「活動」は途切れることがない。何よりも教室に

は、日々授業という最大にして最長の「活動」がある。また、子どもたちは一人ひとりさまざまな「思い」をもって学校にやって来るわけで、教室にはいわば子どもの数だけ「思い」があるといってもよい。

ただし、これらはただ「ある」だけでは、子どもたちをつなぐ「つなぎ」にはならない。ぼくにいわせると、存在しているだけでは「つなぎの素」にすぎない。それを、子どもたちが「ともに視る」ことで、「つなぎ」となるのだ。つまり、クラスの誰かをともに視ること、活動をともにとりくみ、一体感、達成感を生みだすこと、「思い」を出しあう場面をつくりだすことなど、教師からの「しかけ」があってこそ、「つなぎの素」は「つなぎ」になりうるのである。

「人」をつなぎに変える担任力

まず、「人」を「つなぎの素」から「つなぎ」に変える担任力について考えてみたい。

子ども社会というのは、大人以上に、自分たちにとって「ワケのわからないもの」や「異端」を排除しようとするものだ。大人なら「悪いけど」という後ろめたい気持ちが多少はあるかもしれないが、子どもたちはむしろ、「良いことをしている」感覚で教室の誰かを排除したり攻撃したりする。そして、その対象となるのは、多くは「障がいがある」「外国にルーツがある」といったマイノリティの子どもや、「動作が遅い」「服装が汚い」など彼らが思う「クラスの秩序」を壊すとみなされた子どもなどである。

ところが、一方では、「人」がつなぎになることを考えたとき、このように課題を背負う子こそが、「つなぎ」力の強い存在なのである。たとえば、アンケートに答えてくれたクラスのように、「障がいのある子」をほかの子どもたちが支え、その生きざまから子どもたちが学ぶことができたら、子どもたちは確実に「つながった」感をもつ。その「障がいのある子」が

「つなぎ」役を果たすのである。また、「荒れている子」の心象を子どもたちが理解しようとし、そのうえで「間違った行動」を正そうという行動を取り、その子も応えていこうとするようになれば、子どもたちのなかには「クラスの力」に対する信頼が生まれ、「つながった」感となる。これも、「荒れている子」が「つなぎ」役になったということである。

　もちろん、ことはそう簡単には進まない。4月、新しいクラスで出会ったとき、「障がいのある子」は、多くの子どもたちにとって、「理解できない」存在であるかもしれない。「荒れている子」は、「怖い」「関わりたくない」存在だろう。「人」をつなぎにするということは、この状態からスタートするのである。

　では、どこから始めるのか。「障がいのある子」でいえば、教師自身、その子どもは本来教室にいて当たり前なのだという感覚をもつということだ。「かわいそうだから、仲間に入れてあげよう」ではなく、「教室にいて当然な仲間」だという立場に立ちきるところから、共生は始まる。

　当然、当初は、お互いがどう接していいのかわからないのでさまざまなトラブルが起こる。それに対して教師は、トラブルが起こったことを問題にするのではなく、そのことをきっかけに相互理解が進むように介入することが大切だ。そして、子どもたちが、「障がいのある子」も自分たちと同じように「喜び」「怒り」「悲しみ」「悩み」ながら生きていることに気づきはじめれば、もはや「ワケのわからない子」ではなくなる。「クラスの仲間の一人」だと考えられるようになる。

　そのうえで、クラスのさまざまな場面で、「障がいのある子」も含めて活動するにはどうしたらいいのかを子どもたちと一緒に考えていけばクラスは変わることができる。「障がいのある子」は単なる支援や配慮の対象であるだけではない。ともに「クラスの仲間」として生きていくために、ほかの子どもたちの側も変わらなければならないのである。学校や学級の既成のルールも変わらなければならないこともあるだろう。そうしたことをも見通しながら、「障がいのある子」を「つなぎ」に醸成していくのが

担任力である。

ユウタにとって「いごこちのいい」5組になろう

　この10カ月で、みんなはどれくらいユウタのことを理解できただろうか。ぼくは、3学期の課題として「お互いのことを知りあう」ことをみんなに提起したけど、それは38人全員のことだ。なぜなら、5組はけっして37人とユウタで成り立っているのではなく、38人全員で成り立っていると考えているからだ。

　たしかに、ユウタは「学習」の面ではみんなより遅れていることも多い。みんなと同じにはできないこともある。いろんな場面でみんなの助けが必要だ。だが、みんなのなかに勘違いしている人はいないか。たとえ学習や行動に障害があったとしても、人間としての"感情"には障害はないんだよ。人間としての尊厳に軽重はないんだゾ。ユウタだって、みんなと同じように、ときにはそれ以上にうれしいときはうれしいし、悲しいときは悲しいし、腹がたつときは腹がたつんだ。イヤなことをされたらイヤに決まっている。このことを十分に理解してない人がいるような気がする。だから、ユウタが「イヤだぁ」といっても、それをきちっと受けとめられない人がいるんだ。

　ユウタのお母さんは、こうした問題について次のように考えておられる。

　　　佑典には嫌なことがあったら「やめて!!」とか、大きな声でいうように言ってあります。先生にばっかりなんとかしてもらわず、自分でなんとかする方法を、自分でみつけてもらわないと中学校へ来た意味もありません。
　　　　　　　　　　　　　　　　　　　　　（連絡ノートから）

　ぼくは、ユウタに限らずいろんな面で弱い立場の人への「からかい」「嫌がらせ」は人間として許せない行為だと思う。3学期に入って5組の空気がずいぶん和やかになってきた。ぼくは、一人ひとりの成長

> だけでなく、「たからもの文集」などで、もっともっとクラスとして成長していけると確信している。しかし、それはユウタも含めた38人全員で達成すべき課題だ。ユウタが「○○がいじわるする」とか「男の子がいやだ」と言っているかぎり、5組の学級目標は達成したことにならない。5組がユウタにとってほんとうに「いごこちのいい」クラスになれたとき、5組は38人全員にとって"野菜サラダなクラス"になれたんだと思う。
>
> （2007年度2年5組学級通信「むすび」第52号から）

　「荒れている子」に対しても同様である。4月当初は、その子たちもどうしていいかわからず虚勢を張る。暴言を吐き暴力をふるえば、ほかの子どもたちが怖がったり避けようとするのもやむを得ない。教師のなかにも「困った子だ」とか「指導が入らない子」だという反応を示す人もいる。そうした状況について、佐藤学さんは、「その子どもたち（荒れている子─著者）が教師から疎まれ仲間から排除されていると感じたとき、彼らは授業の妨害や暴力行為へと向かう。あるいは教師との衝突を繰り返す。それ以外に自らの存在を証明する手立てを失っているからである」[18]と述べている。しかも、たとえ教師が「丸ごと受けとめよう」と思っても、4月当初ではその教師の姿勢を「甘やかしている」と反発する子も出てくる。「荒れている子」を「つなぎ」にするということも、そこからのスタートなのだ。

　では、教師は何から始めればいいのか。まずは、たとえクラスの子どもたちのなかに反発があったとしても、「丸ごと受けとめる」ということをクラス全体に示し、「荒れている子」にもメッセージとして届けることだ。もちろん、そのことを前提に、その子らの「問題行動」をしっかり叱るということはいうまでもない。

　そのうえで、「荒れている子」の生活、心にかかえている"闇"が、ほかの子どもたちにも視えるような場面をつくりだすことである。そのよう

にして初めて、子どもたちが、「荒れている子」を表層の言動だけでなく、一人のクラスメイトとしてその内面にも注意を向けるようになる。まさしく「アイツのことが気になる」というところにまで至るのだ。前述の佐藤さんは、「『教育困難校』において何よりも大切なことは、一人ひとりがかかえている困難や危機を学校全体で引き受けることである。一人も一人にしない教室、一人も一人にしない学校づくりこそが、『教育困難校』のとりくむべき中心課題といってもよいだろう」と述べている。「教育困難校」を「荒れている子のいる学級」と読み替え、「学校全体」を「学級全体」と読み替えれば、まったくその通りである。

　2007年、ぼくが現役最後にもった2年生のクラスにMというやんちゃな子がいた。ぼくは、なんとかして彼女の「しんどさ」や「心の内」をクラスの前で語らせたかった。そうすることが、彼女自身を変え、クラスの子どもたちの彼女を視る目を変えることにつながると考えていたからだ。

　4月来さまざまな出来事があったが、ようやく3学期が始まった1月になってチャンスが巡ってきた。その時期に行われた人権教育公開授業において、ぼくは「私の宝もの」という授業をした。そのなかでMに「宝もの」を、自分の「しんどさ」も含めて発表するように働きかけた。そして彼女は発表者の一人として、「わたしのたからものは『全部』です。何か一つに決められないし、なくなっていいものは、ないと思います。毎日、朝早くから夜おそくまで仕事をがんばってくれてるお父さんや、小学校4年生位で一緒に住めなくなって毎日電話をかけてくれるお母さんや、いつもけんかをするけど、けっこう家のことをしてくれる妹や、2年のはじめからずっと迷わくをかけているのに信じてくれたユウミ、マミ、磯野先生。いままでいろいろ支えてくれた2年5組も。全部大切なたからものです」と語った。さらに、その発表を受けたクラスの子どもたちは「Mへのメッセージカード」に「なんかMのことがわかった気がした／いろいろ苦労して頑張ってるんだなと思いました／Mはつらい過去があったんやなぁと思った。つらいことを人に話すことは勇気がいることやからすごいなって思っ

た／Mの話に感動した。これからは少しでも普通に話すようにしようと思った／2年5組がたからものと言ってくれてありがとう」などと書いたのであった。[*21]

　こうして、Mがクラスの前で自分を語り、「がんばろう」としている姿を見て、子どもたちは「クラスの力」というものを感じるようになった。彼らは、3学期の修了式の放課後、教室の黒板に「先生は誰もこぼさんかったな」という落書きを書いたが、最終的に誰もこぼさなかったのは彼・彼女ら自身であった。そして、Mが「つなぎ」となって、そうしたクラスができあがったのであった。

「活動」をつなぎに変える担任力

　学校にはさまざまな活動がある。運動会・体育祭や文化祭といった学校ぐるみの活動、宿泊学習のような学年行事、各学級でとりくまれる学級活動等々。どれをとってもすべて学級を基盤としてとりくまれる活動である。しかし、こうした活動を通してクラスの質が深まるか否かには学級差がある。同じようにとりくんでいるように見えて、結果的にはクラスの深まりには差が出る。それは、いいかえると、つなぎの素である「活動」を「つなぎ」に変える担任力に差があるということを意味している。では、「活動」を「つなぎ」に変えるには、どのような担任力が必要とされるのだろうか。

　まずは、その活動に「その活動で何をめざすか」という「めあて」があり、そのことが子どもたちの間で共有されているか、ということである。さらには、その活動が、学級づくりの「めあて」にむかって位置づけがされているか、ということである。したがって、担任としては、その活動にとりくむに際して、クラスの現状をみつめ、クラスの「めあて」とも絡めて、その活動を通して「クラスをどういう状態にもっていくのか」という「めあて」を設定し、具体的な「目標」を子どもたちとも話しあい、その

共有化を図ることが必要なのである。子どもたちが力を合わせて達成をめざすべき「めあて」が共有されていてこそ、子どもたちは、つながる。だからこそぼくは、ある年の体育祭で、次のような「めあて」を学級通信で子どもたちに提起したことがある。

> 「走る」「投げる」「跳ぶ」などといったことは中学1年生段階では個人差が大きいし、身体的なことは努力だけでは解決できないところもあります。だからみんなのなかにも「体育祭ってイヤやなァ」と思っている人もきっといるでしょう。でもそれでいいのです。だれだって苦手なことがあります。大切なことはベストをつくして「自分の一番いい結果」を出すということです。みんなが「FOR THE CLASS」という気持ちで自分のベストを出して、「速い」人は「遅い」人のがんばりをさらにおぎなうようにがんばることが「仲のいいクラス」(当時の子どもたちが決めた学級目標—筆者)につながると思います。
>
> (2006年度1年5組学級通信「る・る・る」第33号から)

次に、活動が終わった後で、かならず、子どもたちに「振り返り」をさせて、クラスの「めあて」につなげていくことである。ただ「よかった」「がんばった」で終わっていては、活動は単なるイベントとなり、それが子どもたちをつなげることには結びつかない。「総括なくして、つながりなし」である。

> **文化祭から学んでほしいこと**
> **クラスは友だち・グループを超えたところにある**
>
> ……そして、私たちの合唱。なんだかいつもとちがうふんいきで熱気がすごかった。まくがあいたとたんみんなの視線を感じて、緊張で足がふるえた。でも「笑顔で前向きに歌う」と友だちと決

めていたので、できるだけ笑顔で心をこめてうたった。歌っている間、いままで練習してきたときのことが頭にうかんだ。最初は男子がふざけてばかりでリズムが合わなかったり、女子は自由曲の下のパートに苦戦したけど、それをのりきったからこそ、いまの「仲のいい」心がひとつになった合唱ができたのだと思う。いままでで一番「5組が一つになった」と感じたひとときだった。

(エミの感想文)

　最初はみんながバラバラだった。けど、練習してうまくなっていくのがわかった。女子と男子は、合唱を通じて仲良くなっていったような気がする。本番はきんちょうしたけど、最後は達成感を感じた。いままで練習してきて本当によかった。　(ミヤの感想文)

　練習のときみんなをひっぱっていくのはけっこう苦労した。やっぱり努力すればするほど成功するとあらためてわかった。また、この努力を勉強にいかせていけばいいと思いました。

(タカオの感想文)

みんなに書いてもらった「文化祭の感想文」にはたくさん「クラスが団結した」「男女のなかがよくなった」などということが書かれています。
　きっとこの文化祭の取り組みを通してみんなは「クラスがまとまったからこそいい合唱ができた」と感じたはずです。
　練習中にも何度もいいましたがクラスは個々の友だちやグループを超えたところにあります。クラスとしてがんばらないといけないとき(授業もそうです)に友だちやグループだけで盛り上がっていてはクラスはまとまりません。友だちやグループ内の話題で自分たちだけが楽しんでいるとき、クラスの他の人は嫌な思いをしているかもしれませ

ん。

　残念ながらこれまでの5組にはそういう傾向がなかったとはいえません。でも、文化祭の取り組みからみんなには「クラスとして協力することの大切さ」がわかったと思います。これからの6カ月、5組の学級目標「仲のいいクラス」を達成するためにも、「クラスは友だちやグループを超えたところにある」ということをしっかり心に留めておいてほしいと思います。

みんなでなくそうハミゴと自己チュー・いいところを認めあおう男子と女子

　これって何の標語かおぼえていますか？　5月1日に決めた学級目標達成のために具体的にめざすことです。

　今回の文化祭の取り組みで「いいところを認めあおう男子と女子」は、かなりできてきました。あとは「みんなでなくそうハミゴと自己チュー」です。

　まだクラス内には「アホ」「ボケ」や「キモイ」「キショイ」といった人を傷つける言葉や行為が見受けられます。こんな言葉が飛び交い、行為が行われている間は学級目標が達成できたとはいえません。ましてや「いじめ」行為は絶対にあってはならないことです。

　人にはそれぞれ個性があります。クラス内にはきっと自分とはずいぶん違う人もいるはずです。また人はだれでも欠点や弱点があります。

　大切なことは、人の欠点や嫌なところばかりに目をやるのではなく、クラスの仲間の「いいところ」をみつけるようにすることです。そしてお互いの違いを認めあうことです。それができたとき、5組の教室から「人を傷つける言葉や行為」が消え、5組は本当の意味で「仲のいいクラス」になることができます。

　後6カ月、5組を本当の意味で「仲のいいクラス」にしたいと思いませんか？

（2006年度1年5組学級通信「る・る・る」第40号）

　さらには、その活動の取り組みのなかに"ドラマ"を仕込んでおくことである。主人公は、できるならば「課題を背負う子」がいい。"ドラマ"性が強く、より「つながった」感が生まれるからである。
　運動会・体育祭を「勝ち負け」だけで考えていたら、また文化祭などを発表時の優劣だけで考えていたら、「負け」たり、「賞を取れなかった」りしたとき、子どもたちが挫折感から取り組みを否定的に考えたり、結果の責任を誰かに負わすことによって、むしろクラスの状態が後退してしまうこともある。もちろん、そのような場合、担任としては取り組みの過程を評価しようと努めるだろう。しかし、それだけでは、子どもたちの「敗北感」はなかなか払拭できないものである。
　そうならないためにも、というより、その活動を通してより深いところで子どもたちがつながるためにも、"ドラマ"を仕込んでおくことが必要である。課題を背負う子を主人公にした、クラスの「めあて」につながる筋書きの"ドラマ"を、である。「障がいのある子もみんなと同じように走って全員リレーに勝つ」「主人公に立候補した『荒れてる』子をみんなで支え、その子に自信をもたす」「障がいのある子がキャストとして舞台に立てるような脚本を作る」「あまり仲のよくない女子のグループ間の融和を図る」等々、いずれも、ぼくが体育祭や文化祭の取り組みに仕込んだ"ドラマ"の種であり、結果として、その"ドラマ"の仕上がりが、「勝ち負け」「優劣」を超えて、子どもをつなぐ「つなぎ」となった。
　そして、当然のことだが、どの活動も楽しいものでなくてはならない。学校行事、学年行事といった、いわば大きなイベントだけでなく、むしろ、日常の学級活動が楽しいものであることが、活動が子どもたちをつなぐ「つなぎ」の源泉となる。「楽しくなければつながらない」──このことを肝に銘じておいてほしい。それに教室に楽しいことがいっぱいあれば、子どもたちはいじめなどをしている暇はないかもしれないではないか。ここは

担任のアイデアも必要だ。子どもたちと一緒に楽しい学級活動を創造してほしい。もちろん、教師自身が楽しむことが肝要であることはいうまでもない。子どもたちと一緒に楽しむ教師の笑顔は、クラスに対する「安心感」を子どもたちにもたらすし、笑顔の多い教師は、子どもたちの自尊感情のロールモデルともなる。

　この項の最後に、活動にとりくむ際に忘れてはならないことを述べておきたい。

　たしかに「活動」は、とりくむなかで子どもたちが「一体感」を感じやすい。また、いまどきの子どもは盛り上げ上手でもある。しかし、子どもたちのなかには、「集団で行動する」ことが苦手な子もいる。体育的な活動が好きではない子もいる。しかし、活動の取り組みの渦中では、主流となっている子どもたちに、こうした少数派の子どもたちのことは視えない。教師の提起もあって、活動を盛り上げようとしている子どもからみたら、活動への参加に消極的な子どもの存在は「許せない」ものとして映ることもある。そのために、そうした子への攻撃ともなり、「つなぐ」ことをめざしているはずの活動で「排除」「いじめ」が発生することもある。

　松本卓也さんと山本圭さんが編者となった『〈つながり〉の現代思想』の「まえがき」に、東日本大震災の後の「絆」を強調する大合唱を前提として、「同質性の強化は同時に、異質なものの排除を必然的に伴うものであった。過少なつながりから過剰なつながりへ、そして絆のほどきから絆の押し付けへと進むドラマは、私たちが他者および共同体との"適切な"距離を見失っていることを、もっといえば、そのような"適切な"距離など最初から存在しなかったであろうことを忘却させるよう作用しているのである」[*22]とある。担任としては、「集団で行動する」ことや体育的活動が苦手な子の存在をありのまま認め、クラスにも提起しながら、そうした子をも包み込みながらの、どこか緩やかな「つなぎ」をめざすことが求められている。「つなぎ」となるべき「活動」によって、教室に「つなぎファシズム」が生まれてはならないのである。

「思い」をつなぎに変える担任力

　子どもたちは、さまざまな「思い」を抱いて毎日学校に通ってくる。ある子は「昨日の楽しいことをみんなに聴いてほしくてたまらない」と思っているかもしれない。朝出がけに母親と言い争いになり、「めっちゃ腹立つ。この怒りを誰かにぶつけたい」という子もいるかもしれない。また、「この悲しい気持ちを誰かに受けとめてほしい」と思っている子もいるだろう。つらい思いをかかえ、それを誰にも打ち明けられないまま、日々を過ごしている子もいるかもしれない。このように、教室にはさまざまな「思い」があふれているのだ。

　こうした「思い」を出しあい聴きあい受けとめあうことができたら、子どもたちは確実につながる。「思い」がつなぎの役割を果たすからだ。それはなぜか。子どもが自分の「思い」をクラスの前で語るとき、始めはいろんな不安に駆られる。「こんなことを言ってバカにされないだろうか」「みんなは自分の話をちゃんと聴いてくれるだろうか」「自分の気持ちをうまく伝えることができるだろうか」などなど。鷲田清一さんはいう。「〈聴く〉というのは、なにもしないで耳を傾けるという単純に受動的な行為なのではない。それは語る側からすれば、ことばを受けとめてもらったという、たしかな出来事である」[*23]と。だからこそ聴く側の子どもたちには、「話している子の思いを受けとめる」という姿勢が必要なのだ。そして、そうした不安をかかえながら、自分の「思い」を語った子が、それをクラスの子どもたちに「聴いてもらえた」「受けとめてもらえた」「自分のことをわかってもらえた」と感じたら、語った子のなかにクラスへの信頼が生まれる。鷲田清一さんは「話しかけるということは相手にこえで働きかけ、相手を変えることである。ただ自分の気持をしゃべるだけではダメなのである」[*24]ともいう。「思い」を語る子は、「自分の『思い』を受けとめてくれる

クラスであってほしい」との思いで語ることが重要なのだ。その結果、聴いた子どもたちも、「思い」を語った子に対し、「そうだったんだ」と、それまでとに異なる、深いところでの理解が生まれ、それとともに他者を理解できたといううれしさが生まれる。さらに「自分たちを信頼してくれたんだ」という思いをもつ。こうして子どもたちは、「思い」を「つなぎ」にしてつながるのである。

　「思い」にはいろいろな種類がある。「楽しい思い」「悲しい思い」「うれしい思い」「さみしい思い」「怒りにみちた思い」、そして「つらい思い」などである。

　ぼくが子どものころ、好きな駄菓子に「変わり玉」があった。材料はよくわからなかったが、砂糖とでんぷんらしく、パチンコ玉より少し大きいぐらいで、何層にも色づけされていた。甘くて固く、口の中でなめていると表層から溶けて色が変わっていくという昭和の駄菓子である。ぼくは、心のなかの「思い」とは、この「変わり玉」のようなものではないかと思っている。表層には「楽しい」「うれしい」「怒り」などの「思い」があり、その下に「さみしい思い」や「悲しい思い」がある。そして、「つらい思い」は真ん中の表層からはいちばん深いところにあるような気がする。だからこそ「つらい思い」を語ることは表層にある「思い」に比べて容易ではないのだ。それゆえ、心の深いところにある「つらい思い」を出しあい聴きあい受けとめあうことができたら、ほかの「思い」以上に子どもたちのつながりは深まることになる。なぜなら、何重にもよろいを被った「つらい思い」を語ることは、その子どもにとっても簡単なことではなく、語ろうとする子は何重ものよろいを自ら脱ぎ捨てる勇気が必要であるからであり、同時に「もしかしたら誰も受けとめてくれないかも」というリスクをも引き受けなければならないからである。そして、その勇気と覚悟が、聴く側の子どもにも伝わり、「すごいことをわれわれに話してくれているのだ」という深い感銘が生まれるからである。園田雅春さんはいう。「クラスメイトが『ほんとうの仲間』といえる間柄になるためには、『あの子も

そうだったのか……。自分と同じやんか」と、認識を新たにする場と機会が重要である。とくに、距離を感じていた子どもと子どもが、互いの『つらいことの共有』化を図れたとき、両者の関係性は大きく変わる。それは『つらいことの共有』という事実が両者を結ぶ最強のボンドになったからである」と。[*25]

　さて、その「思い」を出しあえるクラスとはどのようなクラスなのか。新学期、クラスが始まった４月当初は、子どもたちは"群れ"にすぎない。それでも、「つなぎ」の一つの「人」に関しては、課題を背負う子にこだわりながら学級づくりをスタートさせることは可能だ。また、「活動」には、"群れ"状態でも、すぐにとりくまなければならない「活動」がある。最近では運動会・体育祭が５月に行われる学校も多く、学級づくりがスタートしてすぐに一大イベントにとりくむことになり、学級づくりという視点からは、「早すぎる」という声もある。とはいえ最大限の取り組みは必要だ。しかし、「思い」を出しあうということは、"群れ"の状態ではできない。差別や暴力が顕在化したり、「しらけた」雰囲気があるなかでは「思い」を出すなどということはできるはずがない。ある程度学級づくりが進み、子どもたちのなかに「自分たちのクラスだ」という意識が芽生えはじめ、子ども同士の関係ができるかぎりフラットなものになっていることが必要だ。そして、何よりも大切なことは、子どもたちのなかに「このクラスなら安心して自分を出せる」という信頼感があるということだ。そうでないかぎり、無理に始めれば担任の「思いをだしあうことで子どもたちをつなごう」という思いは空回りすることになる。場合によっては、クラスの状態を後退させかねない。ゆめゆめクラスの状態をよむことを怠ってはならないのである。

　ぼくが20代の最後、教師になって７年、３回目の３年生を担任したときのことである。クラスにＴという在日の生徒がいた。小学校のとき以来通名だったので、子どもたちは誰も彼が在日であることを知らなかった。そして、３学期、公立高校を受験することになり、願書を提出する際になっ

て、問題が表にでてきた。当時は、外国籍の生徒の場合、公立高校の願書提出には外国人登録証明書が必要であり、願書の名前も本名を書かねばならなかった。しかも、彼が受験するのは地元の高校なので、同じ学校やクラスの生徒もたくさん受験する。学校では同じ高校の受験者は一緒に願書を提出することにしていたので、多くの生徒が彼が在日であることを知ることになるかも、という問題が出てきたのである。そこでぼくは、彼を呼び、三つの対応を示して、どうするかを自分で決めるように求めた。一つは「ほかの生徒とは違う日に願書を出しに行く」という選択である。ただし、それでも試験中に受験票を机上に出しておくという問題が残る。もう一つは「みんなと同じ日に行くが、うまく隠し通す」という選択である。そして、三つめは「クラスで在日であることを明かしたうえで、ほかの生徒と一緒に願書を出し、クラスのみんなと同じ教室で受験する」という選択である。ぼく自身は「自分が在日であることを明かす」ことが今後の人生の鍵になると話したうえで、彼に自ら決めるように促した。彼は、しばらく考えていたが、「今日の終わりの会で、クラスのみんなに話す」ときっぱりと言い切り、「いまのクラスやったら言える」と言ったのである。そして、その日の終わりの会。彼は、みんなの前で自分が在日韓国人であることを明かした。彼の話の後、多くの生徒が手を挙げて発言したが、ある女子生徒が「Tの発言を聴いた以上、これからも在日の人を差別せず、在日の問題を考えつづける」と発言したことが、とても印象的だった。

　このように「思い」、とりわけ「つらい思い」を語るには、そのクラスへの信頼感があることが絶対条件なのである。

　いかに「思い」で子どもをつなぐことが大切だとしても、「つらい思い」をかかえる子どもが、直ちにその思いをクラスの前で語るというわけではない。また、クラスの雰囲気が「つらい思い」を受けとめるという状態になるには、教師の意識的な取り組みが必要である。突然、「つらい思い」を語ったり、それをクラスの子どもが受けとめるようになるということはない。4月以来、「思い」を出しあうことが当たり前になる学級をめざし

たさまざまな取り組みがあってこそ、「つらい思い」を出しあえる"時"が来るのである。

　たとえば、朝の会や終わりの会を使った「1分間スピーチ」や「お立ち台」といった取り組みで、「自分のこと」をクラスの前で語るということを丁寧に続けるのもいいだろう。

　大人教（大阪府人権教育研究協議会）が作成した「いま、どんなきもち？」を使って、子どもたちが「気持ち」をクラスに語るという取り組みも、「自分を語る」ということにつながるはずだ。さらに、学級内に生活班をつくり、子どもたちが班ノートに自分の「思い」を書くということも、教師の丁寧な赤ペン入れや「この文章はみんなに紹介したい」と思った文を全員に読み聞かせする（当然、書いた本人の了解をとって）ことによって、「思い」を出しあえるクラスにつながっていく。運動会・体育祭、文化祭、宿泊学習などの「振り返り」も、取り組みの過程や当日についての「思い」を文章化するようなものにして、「思い」を出しあえるクラスにつながるような文があれば、それをクラスの前で読んだり、学級通信で紹介することも効果がある。

　このように、日ごろから「思い」を出しあうことが当たり前の教室の空気を教師が目的意識的に育てることが、やがて「つらい思い」を出しあえるクラスへと結実するのである。

　では、「つらい思い」を出しあう"時"とはどのようなときなのか。一つは、一年間にかな

らず起こるであろう、「問題」が発生したときである。「いじめ」「ケンカ」「グループ対立」、そして「荒れている子」の「問題行動」などが起こったとき、できるかぎり問題をクラスに投げ返す。そして、その原因、克服をめざす取り組み、当事者の思いなどについて、一人ひとりの子どもが深く考え、発言することを求める。その過程で、とりわけ当事者に自分の「思い」をクラスの前に出すことを促しつづければ、やがてそれが、「つらい思い」を語ることにつながるかもしれない。他者の話を聴くときのポイントの一つは「自分に重ねて聴く」ということだが、聴き手の子どもたちが、当事者などの「つらい思い」をそうした姿勢で聴くことができれば、「問題発生」が「つらい思い」を出しあう"時"となり、子どもたちの深いつながりが生まれる。だからこそ、問題が起こったときが学級づくりのチャンスなのである。

　もう一つは、教師からの「しかけ」によるものである。これとて、ただ教師が「『つらい思い』を出しあいましょう」と呼びかけただけでは、子どもたちが語りはじめるということにはならない。クラスの子どもたちの関係性をしっかりよみ、「この状態なら『つらい思い』を出しあっても大丈夫」と判断できたとき、結果的には「つらい思い」が表れるかもしれない「しかけ」にとりかかる。たとえば、「自分新聞」づくりである。子どもたち一人ひとりに自分のことを書いた新聞を作らせる。そこに共通記事として自分の内面が表れるようなコーナーを作らせる。ぼくは「自分が一番輝いていたとき」というコーナーを書かせたことがあったが、そこには、多くの子どもの内面が表れていた。当時、母親から「教育虐待」ともいえる扱いを受けていたAが、そこに「小学生のときにミニバスケットチームに入り、練習や試合に夢中になっていたときの『輝き』」を書いていたが、その当時の日々の暗い顔つきをみるにつけ、この「自分新聞」には、彼女の「悲しさ」がよく表れていた。

　また、「自分の宝もの」という実践も子どもの「つらい」ことが表れる機会となる。子どもたちに「自分の宝もの」と「なぜ、それが自分の宝も

のなのか」について発表させるというものだ。そして、「それが、なぜ自分の宝ものなのか」ということのなかに、その子のそれまでの人生が表れるし、ときには「つらい思い」が見え隠れすることもある。あるとき、この「私の宝もの」を2年生でとりくんだが、ちょっとひ弱な感じで、やんちゃな子の「いじり」の対象にもなっていたYという男子生徒の作文に目を引かれた。彼は「小学生のときに持っていたUFOキャッチャーの人形」が「宝もの」だという。それは、母親、父親、姉とともに家族でスキーに行ったときの宿でのこと。自分ではなかなかゲットできなかった人形を別の若者がゲットしたのを見てうらやましそうな顔をしていたら、母親がその若者に頼んでもらってきてくれたというものだった。その作文には「いまはいない母親」という書き方がしてあった。そのスキー旅行の後、母親は亡くなられたのだった。その母親との思い出がつまった人形だったからこそ、彼にとっては「宝もの」だったのである。ここにも、彼の母親への思いが表れていて、彼の日々の様子の向こう側にあるものにふれたような気がしたのである。

　そして、いよいよ「自分を語るミーティング」である。クラスの状態をしっかりよみ、「つらい思い」を出しても大丈夫であると判断したうえで、子どもたちに「自分を語る」ことを提案する。時期としては、修学旅行などの宿泊学習がよいかもしれない。学校を離れて、食住をともにするという非日常的な空間は、「思い」を出しあう場として適しているともいえる。また、年度の終わりに「その年を振り返り、来年度にむけて抱負を語る」というスタイルで「自分を語る」ことも可能だ。とくに、6年生が小学校時代をふりかえり、中学校にむけての思いを語ることや中学3年生が進路選択の過程で悩んだり考えたりしたことや進路先で何をめざすかなどを語ることができたら、子どもたちは深いところでつながるだろう。

　ただし、いずれの場合も「つらい思い」をかかえる子どもが、そのことをクラスの前で語るのには、教師からのそうした子どもたちとの話し込みが大切である。よほどのことがないかぎり、子どもは自発的には話しはじ

めない。「つらい思い」を出すことの意味についての教師からの提起に「そうやな」とうなずけてこそ、子どもは「つらいこと」を書いたり、語ったりしはじめる。

「仲良し」度がアップした

みんなが決めた5組の修学旅行の目標は「仲良く、楽しく、素真良利一（スマイリー）」だったし、ぼくがみんなに呼びかけたのは「クラスの状態を"群れ"から"仲良し"へ」ということだった。

今回の修学旅行を通して、この目標はある程度達成できたのではないかな。バスレクの準備を通して班で協力することを学んだだろう。ファームステイ先の農家で寝食を共にすることで友だちのふだんとは違う姿を知ったかもしれない。ラフティングでは、日ごろあまり話をしていない人とも力を合わせてボートを漕いだ。ミーティングでは、本当にクラスの仲間のいろいろな面を知れたと思う。

「仲良し」になる第一歩は、「表面で人を判断しない」ということだと思うけど、クラスのみんなのいろんな面が見えた修学旅行で、きっと5組のみんなの「仲良し」度はアップしたと思うよ。

大事なことは、そのことを基盤にして、さらに「仲良し」度をアップすること。間違っても、「修学旅行のときはよかったんだけどなァ」という声が出るような状態にあと戻りさせないことだ。

泣いて、笑ったミーティング
ぼくは「学級目標は達成できる」と確信した

みんなの感想はまた聞かせてもらうけど、ぼくは「やってよかった」ミーティングだったと思う。

何よりもよかったことは、全員の話の後にわけへだてなく拍手が起こったことだ。人によって長く話せた人もいたら、短くしか話せない

人もいた。"つらいこと"を話しているうちに泣いてしまった人もいたし、話の内容に思わず聞く側が笑ってしまった人もいた。でも、ぼくは、誰の話からでも、その人の「人となり」を感じられたし、どんな内容の話に対しても同じような拍手が起こったことはとても素敵なことだ。

　ぼくは、ミーティングが始まる前に、「どんな内容でも話す人はまじめに話すこと」「聞く側の人は話している人のことを『知ろう』という気持ちで聞くこと」と言ったけど、全員にそれができたミーティングだった。

　誰かが言ってたけど、"つらいこと"を話している人の話を自分のことに照らし合わせて、自分も涙が出てきたという人もいた。そして、ぼくが「よかったなァ」と感じたことの一つは、話の内容や話し方で思わずみんなが（ぼくも含めて）笑ってしまう場面もあったけど、その笑いが、話している人の人となりに対して「ほほ笑ましく」感じている笑いだったことだ。

　たしかに"つらいこと"をみんなの前に出すことは勇気のいることだし、それができた人は本当にエライと思う。でも、5組のミーティングでよかったことはそれだけではない。「共に涙すること」はたしかにみんなの一体感を強めるけど、「共に『いい笑い』ができること」もその集団がすごくいい集団だということなんだ。だからミーティングをしていたときの5組はとてもいい集団だったんだよ。

　そして大切なことは、ミーティングを「一つのイベント」で終わらせるのではなく、みんなのいろんな面を知りあえたということをこれからの5組に生かしていくことだ。また、今回「思うように自分を話せなかった」人は、けっして「だめだった」と思わず、これからの5組のなかで、「自分を語れる」ようになればいいわけだ。3年生にとって一番大事なことは、「進路選択」であり、そのなかでの「悩み」「苦しみ」を共に支えあい、「喜び」や「決意」を語りあえることが、ク

ラスの最終目標なんだから。

　ぼくはこのミーティングで、「5組はきっと"ONE FOR ALL, ALL FOR ONE"なクラスになれる」と確信した。もちろん、ほっておいてそんなクラスができるわけがない。でも、5組は今回のミーティングで仲間のいろんな面を知れたし、学級目標達成にむかって、確実に一歩も二歩も踏み出したと思うよ。

（2005年度3年5組学級通信「ともに」第20号）

みんなの"ミーティング"感想文から

　ミーティングで、初めてたくさんの人の前で自分のことを話して、ミーティングをやる前は自分のことを話せるか不安があった。

　みんなが自分を語っているときに「このクラスなら自分のことを語れる」と思った。ミーティングが終わったら、「自分を話せてよかった」と思った。　　　　　　　　　　　　　　　　　　（コウジ）

　みんなが自分の苦しいこととかを言っていて、すごいと思った。自分にも起きそうなこともあって、聞きながら自分も苦しくなったりした。意外な一面をしることができて（とくに男子）誰でも苦しいことが1人1人あるんだなーと思った。

　私ももう少しみんなにうちあけたらよかったかな、とか思っている。だからいまからでも機会があれば打ちあけてみようと思う。（マユミ）

（2005年度3年5組学級通信「ともに」第21号から）

　最後に子どもたちの「思い」を引き出し、「思い」で子どもをつなぐことができる教師のスタンスについて述べておきたい。

　ぼくは、大学の講義で、教師をめざす学生たちに、「教師にとって必要

な資質」として、「子どもを丸ごと受けとめられること」「五感で子どもの全体像を感じられること」「想像力が豊かであること」「子どもとともに成長するという姿勢があること」「社会への健全な批判力があること」を挙げてきた。

　子どもの「思い」を引き出すということでいえば、「子どもとともに成長する」という姿勢こそが大切である。教師が「教師」として、権力的、抑圧的に子どもに対しているだけでは、子どもは「思い」を表には出さない。ときには、人間として、本音のところで子どもと対等に立ち向かう姿勢があってこそ、子どもは教師を信頼し、「思い」を語るようになるのである。

　綴り方教育の先達の一人、国分一太郎さんが1959年に発した「裸になることです。ほんとうは、これができなくては、子どもたちの心をゆりうごかし、子どもたちの生活を規定している土台にくいいっていくことはできないと思います」[*26]という言葉は、60年近く経ったいまも輝きを失っていない。

これも担任力❶
教室を固定的性別役割分担意識を刷り込む場にしない

　ぼくが、もうひとつ学級づくりで大切にしてきたこと、それは「不必要に男女を分けない」ということである。
　学校も当然世間の風潮とは無関係ではいられない。というよりも、学校には、世間における支配的な考えを教育を通して子どもたちに刷りこむという面があることも否定できない。だとすれば、なにしろ、スイスにある世界フォーラムが毎年発表する「ジェンダーギャップ指数」で2017年度は世界144カ国中114位だった日本である。「男女間の格差」やそれを生みだす「固定的性別役割分担意識」の強い日本社会のあり方は、学校教育のうえにも大きく影を落としているはずである。
　実際、小学校に入学したとたん、親や祖父母などから買い与えられるランドセルの色は、女の子は赤やピンク、男の子は黒や藍色、茶色が大半を占める。配られる黄色い安全帽も、男の子はキャップ型、女の子はハット型と分けて指定される地域も多い。男女混合が増えてきているとはいえ、いまだに男女別で男子を先にしている出席簿を使用している地域もある。この名簿の下で行われる検査などさまざまな教育活動では男子から始められることが多いので、知らず知らずに「男が先」の考え方が刷り込まれる。制服のある学校では、男子はズボン、女子はスカートと指定される学校がほとんどだ。集会などで整列するときも、何の意味もないのに男女別で並ぶ等々、学校生活のさまざまな場面で「男女を分ける」「男が先」ということがみうけられる。
　制度的な面だけではない。授業や学級づくりといった子どもたちとの関わりのなかで、教室の席を男女別の列にしたり、ロッカーや水筒

などの置き場所を男女別にしたりなど、教師が不必要に男女を分けてはいないだろうか。また、重い物を持つときには男の子を指名したり、カーテンなどの修繕は女の子に依頼したりなど、教師個人の考え方の裏返しでもある固定的な「男らしさ」「女らしさ」を子どもたちに要求してしまってはいないだろうか。その結果、児童会や生徒会の活動で、会長や体育委員などには男の子が、保健委員や図書委員には女の子が立候補することが多いという現実はないだろうか。また、授業でも、学年が上がるにつれて、グループワークなどで、発表は男子が行い、記録は女子がするといった傾向がみられるようになってしまっていないだろうか。

　少し長いが、引用しておきたい。男女共同参画社会基本法の第4条に「男女共同参画社会の形成に当たっては、社会における制度又は慣行が、性別による固定的な役割分担等を反映して、男女の社会における活動の選択に対して中立でない影響を及ぼすことにより、男女共同参画社会の形成を阻害する要因となるおそれがあることにかんがみ、社会における制度又は慣行が男女の社会における活動の選択に対して及ぼす影響をできる限り中立なものとするように配慮されなければならない」とある。

　学校現場で子どもたちに知らず知らずに固定的な「男らしさ」「女らしさ」を刷り込む制度や教師の言動を「隠れたカリキュラム」というが、学級づくりにおいても、この同法の精神を受けとめ、教師自身のジェンダー観を見直すこと、男女分けについて「それは本当に必要なことか」を問い直すことが求められている。

　ぼく自身は、学級づくりにおいて、「隠れたカリキュラム」に対し、できるかぎり「男女共生」の立場を取ろうとしてきた。幸い、ぼくの勤めていた市は、「男女混合名簿」を使用し、学校もさまざまな教育活動の場面でそれに基づいていたので、教室のロッカーや集会の列などが男女別ということはなかった。制服も女子生徒がズボンを着用す

ることも OK だった。

　また、個人としても、子どもたちに仕事の依頼をするときも、男女別に依頼することはしないようにしていた。4月の学級開きで教科書を配布するのに教科書を教室まで運ぶという力仕事があるが、そのときもけっして男の子だけに依頼せず、「誰か教科書を運んできて」というと、けっこう女の子のなかにも行ってくれる子もいたものだ。また、ある2年生を担任していたとき、3年生の卒業記念の校庭の桜の小枝を使ってストラップを作るという作業が下りてきたことがある。学年の打ち合わせで、ある教師が「男子には小枝にネジを埋め込ませ、女子にはそのネジに紐を通させると、作業がスムーズにいく」と提案し、ぼく以外の担任は同意した。しかし、ぼくは「男子には技術的な仕事」「女子には裁縫的な仕事」という考え方には違和感があった。そこで、ぼくのクラスでは、各班ごとに材料を配り、「ネジを埋め込むのが得意な人はネジを、紐を通すことが得意な人は紐を」と指示して作業に入らせた。結果は、男女に関係なく、自分の得意な仕事をして、予定通りの1時間で作業は終わった。あえて男女別にする必要などなかったのである。

　これらは、小さなことかもしれない。「そこまでこだわらなくても」という声も聞こえてきそうだ。しかし、「神は細部に宿る」といい方もある。同様に、ぼくは、教育においても「細部に本質がある」と考えてきたし、けっして、どちらでもいい「些細なこと」とは思ってこなかった。

　このように、学級づくりにおいて、「教室を固定的性別役割分担意識を刷り込む場にしない」ということ、すなわち、つねに教師が自分のジェンダー観を問い直し、「その男女分けは本当に必要か」と考えることの重要性を挙げておきたい。

これも担任力❷
体罰は学級づくりを阻害する

　ここで「体罰」の問題にふれておきたい。なぜなら、学級づくりについて考えたり論じたりするとき、「口で言ってもわからない子に体罰をすることはやむを得ない」といった一見もっともらしく聞こえ教師のなかにもみうけられる「体罰」容認論や「信頼があれば体罰も許される」といった世間の「体罰」肯定論にどう対峙するかということは避けて通ることはできないと考えるからである。

　文科省の「体罰に係る懲戒処分等の状況一覧(教育職員)(平成28年度)」によると、2016年度に「体罰」で懲戒処分等を受けた教職員は654人であった。場面としては、小学校では授業中が1位で55.9％、中高では、部活中が1位で、授業中は2位（中学校25.4％、高校32.1％）である。場所は、小学校が当然教室が1位で60.1％、中高の教室でというのは2位（中学校28.6％、高校25.7％）であった。

　小学校における授業中に教室でというのは、まずほとんどの「体罰」がその教師の担任するクラスの子に対して振るわれたということになる。中高では、担任するクラス以外でも授業をするので、授業中の「体罰」といえども、すべてがクラスの子に対してとはいえないが、何割かはクラスの子に対してであると考えられる。すなわち、多くの「体罰」が担任する子どもに対して行われる以上、学級づくりと無縁であるとはいえないのである。

　ぼくは、学級づくりの3要素のうちの二つに「担任として一人ひとりの子どもとつながる人間関係づくり」と「子どもと子どもをつなぐ仲間づくり」を挙げた。しかし、「体罰」を用いて子どもとの人間関係がつくれるのか。子どもと子どもをつなぐことができるのか。断じ

て否である。また、子どもとつながるには「子どもの話を共感的に聴く」ことが大切だと書いた。これとて、「体罰」を用いることの対極にある子どもとの接し方だ。また、「子どもの言動の背景に思いを馳せる」というのも「体罰」とは無縁の教師の姿勢だ。さらに「体罰」を用いて子どもを丸ごと受けとめられるか。むしろ「体罰」とは、子どもを教師である自分から遠ざけてしまう行為なのだ。このように、「体罰」は、学級づくりに役立たないばかりか、逆に学級づくりを阻害する行為だと捉えておかなければならない。

　しかし、にもかかわらず学校現場でなぜ体罰はなくならないのだろうか。「授業中」に体罰が振るわれたということは、授業をめぐる子どもの態度、たとえば「騒ぐ」「立ち歩く」などに対して、教師の注意や制止が功を奏しなかった場面でのことなのだろう。「体罰」を振るって管理職や教育委員会などに叱責を受けた教師は、「なぜ体罰をしたのか」という問いに、かならずといっていいほど「子どもになめられてはいけないと思った」と弁明するそうである。で、「体罰」で一時的に子どもがおとなしくなったりすると、教師は「効果があった」と錯覚する。そして、一度ならず二度三度と「体罰」を振るう教師になってしまうのである。いわば「体罰」は、教師にとって劇薬でありやめられなくなる麻薬なのである。

　他方、「体罰」を振るわれた子どもはどうだろう。一瞬おとなしくなったとしても、それで自分の言動に本当の意味での反省が生まれるだろうか。ぼくにはそうは思えない。なにしろ子どものことである。いわゆる「問題行動」を起こすこともあるだろう。しかし、本当に「反省する」とか荒れている子が「立ち直る」とは、自分自身が自分のなかにある「問題」に気づき、そのことを乗り越えようと決意することである。けっして、教師への恐怖感から表面的におとなしくするということではない。生活指導と呼ばれる教育活動は、こうした子どもに寄りそいエンパワメントを促すことであって、暴力で子どもを抑え込む

ことではないはずだ。
　また、教室で「体罰」が振るわれたということは、ほかの子どもたちもそれを目にするということである。そして、多くの場合、「体罰」は、それを目撃した子どもにも恐怖感を与える。教師に対する嫌悪感が生まれるかもしれない。クラスの子どもたちが担任の教師をそのような目でみるようになってしまったら、「子どもとつながる」ことも「子どもをつなぐ」こともきわめてむずかしくなるだろう。
　それだけではない。担任が「体罰」を振るう一方で、子どもたちに向かって「暴力はいけない」「弱い者をいじめてはいけない」などと話しても、それは説得力をもたない。子どもたちが「先生がするならば、自分たちだって許される」と考えないという保証はない。担任の暴力は、教室を暴力がはびこる空間にしてしまうかもしれないのだ。暴力は連鎖するということを肝に銘じておくべきである。
　このように、「体罰」は学級づくりを阻害する。学級づくり論からいっても、けっして容認されるべきものではないのである。ぼく自身は、「体罰」をなくすうえで大切なことは、「体罰は間違った教育である」としっかりと認識することだと思っている。そう捉えることで、もし感情的になってしまい「体罰」に走りそうになったとしても、教師は自分にストップをかけることができる。また、同僚の「体罰」を批判することもできるし、同僚性を築き学校ぐるみで「体罰」に依らない教育実践のあり方を共有することができる。「体罰」は、けっして「熱意がいきすぎて」起こった行為ではないのだ。

第2章

先生100人に聞きました
どんなとき「担任力」がアップしたと感じたか

アンケート調査「どんなときに担任力がアップしたと感じたか」

　「担任力」とは何か。ぼくが考えるに、それは、担任した学級で子どもや保護者・地域などとつながるための考え方と技量であり、子どもと子どもや保護者同士をつなぐための考え方と技量のことをいう。すなわち、学級づくりにむけた教師としての総合的な考え方や力量のことを指していう。

　大学で教師を志望する学生に教えたり研修などで若い教師に話をしたりすると、「振り返りカード」などに、よく「何事にも対応できるスキルを身につけたい」などと書き込まれている。何事にもハウツーを求める現代の若者らしいといえば、そうなのかもしれない。「考え方」、大きくいえば思想を抜きに「教育」を「スキル」だと捉える、昨今、とくにあまりにも強いそうした考え方に反発するベテラン教師のなかには、逆に「スキル」を軽視する人が少なくない。「思想こそが大事」というわけだ。

　ぼくは、その、大切なのは「スキル」かはたまた「思想」かという問題の立て方には違和感がある。「思想のないスキル」は、「いま、教育課題は何か」「子どもたちとどんな未来社会をめざすのか」などといった教師がよって立つべき大切なことが抜け落ちると思うし、「スキルのない思想」は、いかに大切なことでも子どもに伝わらないと考えているからだ。

　したがって、本章では、「担任力」とは「考え方と技量」がともに備わったものだと捉え、それがアップした場面をとりあげていきたい。

　「教師は現場で教師になる」。誰しも、大学で教員免許を取得し、卒業して教員採用試験に合格し、教員に採用されて学校現場で教壇に立っただけでは、職として仕事として教師になったということにすぎない。また、当然のことだが、教師として必要な能力を初めからすべて身につけているような新任教師などいない。教師は現場での体験のなかからしだいに教師と

して必要な考え方や技量を身につけていくのであり、「担任力」もまた現場で育つ、というか育てられるのである。

　刃物を磨くには、かつては砥石を使った。現代ならさしづめシャープナーが必要だ。刃物が自ら鋭利になるなどということはない。ぼくは、「担任力」も同じだと思う。いくら教師が一人で力んでみても、「担任力」がアップすることなどない。「担任力」がアップするには、砥石やシャープナーに相当するものが必要なのだ。それが、「人」や「活動」や「出来事」との出会いなのである。と同時に、その出会いを「担任力」を磨く砥石やシャープナーにできる、教師の側の内なる「思い」が必要である。この「思い」がない教師は、「担任力」を磨けるはずの「人」や「活動」「出来事」に出会っていても、それを出会いがしらの出会いで終わらせてしまう。いや、むしろ「やっかいな」子どもや出来事だと片づけようとしてしまうかもしれない。

　ぼく自身の体験をふりかえっても、やんちゃな子に出会ったことで子どもがなぜ「荒れ」るのかを考えさせられた。また、そうした子どもとの関係をつくるには、彼・彼女らの"心の闇"に共感する必要があることも学んだ。さらには、「荒れ」ている子どもにこだわっての学級づくりを体験した。ぼくの「生活指導論」はそうしたやんちゃな子との出会いを抜きには形成されなかった。

　同様に、障がいのある生徒と出会い、いまでいうインクルーシブな教育を考えるようになり、「共に学ぶ」授業や「共に生きる」学級づくりをめざした試行錯誤のなかから、ぼくの「障がい児教育」に対する姿勢がつくられていった。

　また、自分のクラスで「いじめ」が起こったことで、「被害者の側に立つ」ことの意味や大切さを理解できたし、そのことを実践する際の実際の困難さも味わった、などなど。ぼくにとって、「人」や「活動」「出来事」との出会いが、「担任力」を高めてくれたことはまちがいない。

　それは、とりもなおさず、ぼくのなかに「しんどい子に寄りそう」こと

を中心とする教育観や「格差や差別を助長する」教育政策への怒りという「思い」があったからにほかならない。

　とするならば、多くの教師の「担任力が高まった」と感じた経験を集めたら、おのずとそこには、どんな「人」に出会い、どんな「活動」にとりくみ、どんな「出来事」に立ち向かったときに「担任力がアップした」のかということが視えてくるのではないか。そして、この本を手にしてくれた若い教師が、そこから学び、自分の担任力をアップしてくれるであろう「出会い」を、単なる出会いがしらの出会いで終わらせてしまうことを減らすことができるのではないかと考えたしだいである。

　そこで、ぼくは、2017年度の1年間、依頼されて研修会の講師にでかけた学校などで、先生がたに協力してもらって、「どんなときに担任力がアップしたと感じたか」というアンケート調査にとりくんだ。そして、そのなかから100人の先生の回答を分析してみた。以下がその回答と、ぼくの分析である。

「課題を背負う子」と出会って

　もしも、大学を出てすぐに教師になり、定年まで38年間勤め、そのほとんどを担任として過ごしたとしたら、単純にいうと、小学校教師なら、約30人×38年で約1100人前後の子どもと出会う。中学校なら、担当教科にもよるが、社会科教師なら、約40人×5クラス×38年で約7600人を超える子と出会うこともある。

　いずれにしても、けっして少なくない、それもいろいろな個性をもつ子どもと出会うことになる。そのなかで「担任力」を磨いてくれる子どもとも出会うことになるのだが、多くの場合、「成績がいい」とか、「スポーツができる」「明るい」「リーダーシップがある」「仲間から好かれる」「教師の言うことよく聞く」といった、いわゆる「学校的価値」の高い子が、「担

任力」を磨く存在になることはない。教師のそれまでの経験や、そのなかで形づくられてきた「教育観」が覆されることが少ないからだ。

　むしろ、「荒れている」「障がいがある」「被差別の立場にある」「外国にルーツがある」「学習が苦手である」「友だちづくりが苦手である」「いじめられっ子である」などなど、さまざまな課題を背負う子こそが、「担任力」を磨いてくれる存在となる。つまり、そうした子どもは、教師がそこまでの人生で得た「常識」が通用しないことが多く、彼・彼女らを理解し、人間関係を結び、学級づくりの中心にすえようとするならば、教師もまた変わらざるを得ず、そのことが、教師としての成長、すなわち「担任力のアップ」をもたらしてくれるのである。

やんちゃな子

　現場教師で定年を迎えた後、縁あって大学教員という職を得た。以来9年間「教育実践論」という講座を担当したが、受講生の多くは将来教師になることをめざす学生だった。

　その学生たちに、毎年「小中高で荒れていた人はいるか」と問うてきたが、その場で手を挙げた学生はおらず、講義後の「振り返りカード」に「荒れていました」と書き込んだ学生が1人いただけだった。その女子学生は、その後の講義ごとの「振り返りカード」で、中学時代の様子を書いてくれたが、それを読むかぎりでは、いわゆる「荒れ」ている生徒であったようだった。

　その学生を除くと、大半の学生は、「成績」や「生活態度」もよく、生徒会役員などを経験している学生も多かった。

　そういう学生たちが教師になる。たしかに、ぼくも含めて教師になる人間は、おおむね「学校的価値」が高かったようだ。しかし、学校現場に立つと、出会った子どもたちがすべて教師がよく言うところの「よい子」ばかりではない。目の前に「荒れ」ている子どもがいることも多い。当然、

人は、自分の体験していないことは理解しにくく、多くの教師は、目の前の「荒れ」ている子どものことがわからない。
　「なぜ荒れるのか」「なぜ、こんなにも反抗的なのか」などなど。これまでの自分のままでは壁にぶつかってしまう子どもとの出会いである。
　子どもはなぜ「荒れ」るのだろうか。生まれたての赤ん坊は誰もがかわいい。「この子は将来『荒れ』るな」と予感がするような赤ん坊はいない。しかし、現実には成長していくなかで、「荒れ」る子が出てくる。だとしたら、「荒れ」の主たる原因は、誕生後の生い立ちのなかにあると考えなければならない。
　中学校の教師であったぼくの経験からいうと、子どもが「荒れ」るには、二つの要因があるような気がする。一つは、家庭環境である。貧困、家庭崩壊、単親、育児放棄、過保護などなど、さまざまな厳しい家庭的要因によって、子どもの心のなかに、大人不信や社会への反感が、マグマのようにため込まれてしまう。精神科医で医療少年院でも勤務していたことがある岡田尊司さんは、その著書『悲しみの子どもたち』のなかで、「親が、その不在も含めて、子どもを非行に走らせる最大のリスク・ファクターであるという悲しい現実である[*27]」と述べている。
　もう一つは「勉強がわからない」、したがって学習についていけないということである。「イライラ」「ムカツキ」、はたまた「アキラメ」といった火薬を詰め込んだ爆弾のようになって中学校にやってきた子どもたちは、「勉強がわからない」「授業中にじっと座っているのは苦痛だ」という状況になる。そこに、教師の、子どもの心の闇を知ろうともしない、上辺だけの「叱責」や、級友たちの冷ややかな視線が導火線に火をつけ、内にためた火薬が爆発し、子どもは「荒れ」ることになるのだ。
　では、そういう子どもに出会ったとき、教師はどうすればいいのか。
　ぼくは、その基本は、子どもの心の闇に共感することにあると思う。もちろん、そうした子どもたちとは異なる育ち方をしてきた教師に、その闇に共感するということは容易なことではない。それどころか、出会った当

初は視えもしないだろう。しかし、とことん付きあって話を聴くということはできる。もちろん、けっして簡単に「気持ちはわかる」などと言ってはならない。むしろ「君の気持ちはいまだわからんけど、とことん話は聴くわ」という姿勢こそが大切なのだ。また、そういう子どもたちは、よくうそもつく。それは、自分が傷つかないための予防でもあるからだ。そのとき、「この子にだったらだまされてもかまわない」と思えるかどうか。それがとことん付きあうということだと思う。

そうして、その子にとって、信頼に足る大人というか、教師になれたとき、その子の問題行動を叱っても、その言葉が子どもの心に響くのだと思う。もちろん、この心の闇に共感するということは、問題行動を叱らないということではない。逆に共感があればこそ、叱りきらねばならないと思う。

やんちゃな子との間にこうした関係を築くことができたとき、確実に教師として成長でき、力量はアップする。それは、たとえその子に対してはやりきれなかったとしても、次につながる「失敗」なのだと思う。

そこで、以下、やんちゃな子との出会いで「担任力」がアップしたと感じた教師の振り返りを例示しておきたい。

悩みながら

　ある日の朝、Aが学校からとびだすということがあった。あとから聞いた理由は、「自分の秘密を友だちがばらした、手を出したくない、でも腹がたって、自分を抑えるためにとび出した」という。
　その日のそれより前の時間に、Aが友だちと2人で廊下に座って話をしていたところに出くわしていたが、そのときAに「廊下で座り込むのはアカンかったやろ」とだけ言ってしまっていた。
　Aがとびだしたのは私のせいや、あのときなんで「どないしたん？ なんかあったんか？」と聞けなかったんやろ……その後無事Aは見つ

かり、Aには手紙を書き、クラスのみんなには自分の思いを言った。
　それがきっかけで、自分自身の声かけを見直せたことで、クラスも変わっていったように思う。　　　　　　　　　　　　　　（経年3年）

　昨年、とても手のかかる子がクラスにいました。カッとなると暴れ、友だちに理不尽に殴りかかる、追いかけまわす、話を聴こうとしても話さない。だからといってほうっておかれるのも気にくわない。
　おそらく愛情不足と自尊感情の低さから起きていた行動だと思うのですが、うまくよい方向にもっていけない自分がとても情けなかったです。
　でも、ほかの子どもたちがとても思いやりがある子どもたちで、最後まで彼を見放さず、関わろうとしてくれました。正直、ほかの子どもたちにもかわいそうな思いをさせたことも情けなかったですが、いやだからといってクラスから仲間はずれにすることなく、一つのクラスとしてまとまってくれた子どもたちを見て、救われた思いでした。一つのいい経験となった1年でした。　　　　　　　　　（経年7年）

　暴力行為、エスケープ、厳しい家庭環境など、いわゆる"しんどい子"を担任していたときに、いままで同じような立場の子を担任したときのように、指導、クラス経営をしていたが、まったくといっていいほど成果が表れず、1年間お互いがとても苦しい思いをしていたように思います。
　そのなかで、教師は魔法使いではないということ、自分一人ではなく、学校はチームで動いているということ、発達障害のある子どもに対する理解や対応、保護者への対応やケアの仕方など、苦しい思いをした分、担任力のアップにつながったと感じました。　　　（経年7年）

> 　自分の思ったことを何が何でも押し通す子と出会い、その児童を受けいれることは、いろいろな面で、クラスのルールのハードルを下げなければならなかったが、ハードルを下げて1年間学級経営を行い、子どもたちの本心がわかったことで、子どもとつながった感をもつことができた。
> (経年35年)

　「私、失敗しないので」という決めぜりふが有名になった外科医が主人公の医療ドラマがあったが、たしかに患者の命がかかる手術においては、失敗はあってはならないのかもしれない。

　しかし、やんちゃな子との（どの子にとっても）人間関係をつくるということは、単なる技術ではない。ましてや相手にも人格と意思がある。教師が「失敗しない」、あるいは「失敗したくない」と思っても、失敗してしまうことは多いにありうるのだ。

　したがって、大切なことは、「失敗しない」ことではなく、たとえうまくいかなくても、「あきらめない」こと、「切り捨てない」ことである。悩みながらら、粘り強く関わろうとすることが、結果的に「担任力」のアップにつながるのである。間違っても「指導が入らない」などと言って、自分の未熟さを棚に上げ、うまくいかないことを子どものせいにしないことが必要だ。

「試し行為」に付きあう

> 　やんちゃな子が、四つ葉のクローバを差し出しながら、「持っといて」と言ってきた。「これ、試されている」と感じて本に挟んでおきました。その日の帰りがけに「あれは？」と聞かれたので「ここにあるよ」と返すと、「あげるワ」とひとこと言って走っていった。「自分を大事にしてくれる担任かどうか」を試されたのだった。で、OKもらったかな？と感じた。
> (経年30年)

子ども、とりわけ「荒れ」ている子ほど、「この教師は、自分にとって、敵か味方か」ということに敏感である。なぜなら、それまでの生い立ちのなかで、「自分を理解しようとしない」「上辺だけで叱ることしかしない」多くの大人たちに出会ってきたからであり、大人への拭えない不信感があるからだ。しかし、一方では、「自分のことをわかってほしい」「自分を受けとめてほしい」という気持ちも強い。とても複雑で、一筋縄ではいかないのが、「荒れ」ている子の心の内なのだ。

　そこで、彼・彼女らは、いろいろなかたちで教師を試してくることになる。ときには、わざと怒らせてみたりもする。それを「試し行為」というが、肝心なことは、子どもの言動が試し行為なのだと気づくことだ。行為の上辺だけを見て判断するのではなく、「はは～ん、この子は自分を試しているな」と気づくことで対応は違ってくる。

　そして、その行為で、子どもが何を求めているかを見定め、それに応える対応ができてこそ、教師は子どもの試し行為に合格できるのである。

　子どもが出会う数少ない大人の一人として、子どもが安心して心を寄せ、自分を出せることができる大人でありたいものである。

子どもの言動の向こう側にあるものに気づく

　父親が早くに他界してしまい、母子家庭だったAが、ある日、学校に来ず、電車に乗り遠くに行こうとした。まじめで、母に心配させないようにしていたAの小さな意思表示でした。本当は、朝学校に行くときには、母も出てしまっていて、学校から帰っても母がいないさびしさを言いたい、でも言えない、気持ちのもどかしさでした。ほかの子たちや、母のAに対する気持ちが伝わって、Aが正直に話ができたときが、そう（担任力がアップした）感じたときかなと思います。

(経年11年)

> 新採1年目に出会った子どもたち、保護者の方々です。
> ネグレクトで下着、服を洗濯してもらえず、学校に紙おむつをして、毎日同じ服で登校していたA。いままでの二十数年の自分の人生が、とてもちっぽけに感じ、彼のような子どもと今後、出会い、向きあい、寄り添っていこうと決意しました。 　　　　　　　　（経年20年）

　よく、職員室などで、「もう〇〇ったらワケわからんわ」と嘆く教師がいる。しかし、子どもの言動にはかならず理由がある。「なぜこの子はこんなことを言うんだろう」「なぜこの子はこんなことをするんだろう」。教師には、子どもの皮相の部分だけで一面的にとらえたり「わからない」と決めつけたりするのではなく、その言動の向こう側にあるものに思いを馳せることが求められるのである。

　教師になって5年目で3年生を担任しているときのことだった。担任していたやんちゃな男の子が体育のプールの時期になると授業をエスケープするということが続いた。体育教師の依頼もあって、その子とじっくり話してみた。彼は、小さいころ転校してくる前に住んでいた島の浜辺で、眼前で姉が溺死するという出来事があったのだという。それ以来泳ぐことが嫌いになったという彼は、プールの時間になると逃げだしていたのである。

　この話を聴くまでは、ぼく自身が、やんちゃな子＝体育が嫌い＝とりわけ水泳が嫌いという目でしか、彼のことを視ていなかった。彼の行動の背景にあるものを知らなかった、というか知ろうともしていなかったのである。子どもの言動の向こう側にあるものに思いを馳せることの大切さを学んだ一件だった。

本気でぶつかる

　やんちゃな子がクラスにいて、その子とつながったとき、自分の肩の荷がおりて、素の状態で関われたから距離が近くなれたと思う。そ

> のことの距離がつかめてクラスがよくまわったなといまになって思います。
> 　　　　　　　　　　　　　　　　　　　　　　　　　　　（経年3年）

> 　クラスのなかの本当に危険なこと、友だちを傷つけることをした子に対して本気で叱ったこと。
> 　　　　　　　　　　　　　　　　　　　　　　　　　　　（経年2年）

> 　副担任で4クラスをもって、生徒指導に顔を出していろんなもめごとを解決しているうちに、子どもが自分の悩みを言ったり、自分の言ったことをすぐ受けとめてくれるようになったりしたときです。
> 　指導上留意していたのは、規範に反することはゆずらない、でも話はちゃんと聴くし、解決したら、すぐにでも笑顔で話しかけることです。
> 　　　　　　　　　　　　　　　　　　　　　　　　　　　（経年4年）

> 　荒れた子どもとぶつかり、その夜に家庭訪問して保護者と話し、その背景にあるものがわかった。その後、班長会議でそのことを話すと、周りの子どもたちも、その子の背景を知っていて、深く話すことができた。
> 　　　　　　　　　　　　　　　　　　　　　　　　　　（経年14年）

　「荒れ」ている子に対峙するとき、教師の本気度が試される。その子の問題行動を叱っているとき、子どもは、教師の口振りや態度などから、「この教師は本気で自分のことを叱っているのか、それとも教師という立場上、上辺だけで叱っているのか」を見抜く。
　逆に、その子を褒める場面でさえも、子どもは「本当に自分のことをわかってくれて、『いいところ』を評価してくれている」のか「自分にすり寄ろうとしておべっかを使っている」のかを見抜くものだ。
　それほど「荒れ」ている子の心情は複雑である。教師が本気で対峙しないと、子どもは教師の気持ちをたちまちのうちに見抜いてしまう。「荒れ」ているフリをしているのならいざ知らず、本気で「荒れ」ている子には本

気で対峙することが必要なのだ。そして、本気度が伝わればこそ、教師の言動が「荒れ」ている子の心を揺り動かすことができるのである。

根気よく

やんちゃな子で、なかなか指導が入らず、私が100回以上言っても話が通じない男の子が、1年を経過するころ、行事や班活動を通して、クラスの子たちにしだいに耳を傾けるようになり、クラスがいよいよ解散となるとき、「先生、いっぱい悪さして迷惑かけたけど、ありがとう」と照れながら、くったくない笑顔で言われたとき、感じました。

(経年23年)

いつも話を聞かずに友だちに手を出したり、ちょっかいをかけていた児童と話ができるようになったり、わけを話してくれるようになったとき。根気強く話を聴く(する)ことが大切だと感じました。

(経年2年)

教室に入ることを途中から嫌がった生徒に対して、毎日、粘り強く関わり、教室に入って活動ができたとき。

(経年2年)

クラスに入りにくく、「修学旅行には絶対に行かない!」と言っていた女子生徒を何度も本人・保護者と話しあい、なんとかつれていくことができた。クラスのメンバーと2泊3日のさまざまな活動(とくにミーティング)を通して、担任、そして生徒同士をつなげることができたと感じた。

その彼女は、卒業式では誰よりも泣いて、「卒業したくない」と言っていた。'子どもは変わる'ということがわかったことで、担任力がアップしたと感じました。

(経年4年)

授業に参加せず、こちらの話を聞かない子がいて、はじめは、しつこく叱っていました。しかし、クラスのほかの子どもたちが「先生がほかの子を叱る声、叱られた子が先生に言い返すというのを見ているとつらい」と家で言っているということを知り、人に迷惑をかけたり、人を傷つける行為以外は叱らないようにして、その子の話を聴くことを心掛けると、参加するようになってきました。　　　　　（経年１年）

　転勤して、３年生の担任をしたときに気になる子がたくさんいた。そのなかの一人のAは、担任との距離が近すぎる、愛着障がい？　家庭的背景？などが気になった。気にしながら関わりつづけた３学期に、教室のなかで、消しゴム隠しが多く発生した。私は、Aのサインに気づけなかった。Aと話し、Aの保護者と話し、学級でも話し、子どもたちに変化が生まれた。一人になっている子、困っている子に、より関わりあうようになった。
　気になるAは、家の都合で市内に引っ越したが、祭りで会うと、相変わらず距離の近いAだった。避けるのではなく、近づいてきて、変わらず関わってくれるAと出会えて、自分が伝えたこと、関わりは間違ってなかったと思えた。　　　　　　　　　　　　　　（経年９年）

　小学校１年。休み時間が終わっても５〜６人が教室にいない。授業中に"お散歩"に行ってしまう。ロッカーの上に寝ころぶ。友だちの机の上を上ぐつのまま渡り歩く……という状況で始まった春。「先生、またAが○○してる！」「またAに○○された！」と私に助けを求めてくる多くの子がいました。「なんでそれをしたんやろうな？」をキーワードに、Aに対しても、一人ひとりの子どもたちに対しても、言葉にならない思いを言葉にしてつなげることを、自分のテーマにしてやってきた今年度。時間はかかりましたが、たしかに誰も教室からでなくなり、「またAが……」と言って来る子はいなくなりました。い

までは、子どもたちが「あんな、Aは〇〇をしたけどな、〇〇が嫌やったからやねん！」と、私が聞くよりも先に教えてくれるようになりました。
　４月、５月では、たくさんの先生に助けてもらい、悩み、つまずき、自分が一番困っていたように思いますが、いまではものすごく温かく、個性豊かで主張の激しい子どもたちに元気や幸せをもらっています。この子たちと過ごしたことで、多くのことを学びました。　　（経年不詳）

　「戦後第3の荒れのピーク」といわれた1980年代初頭、ぼくの勤めていた中学校も例外ではなく、大荒れだった。
　「荒れ」ている子どもたちとの関係がつくれず、学校としての取り組みの方向性もみいだせないまま、目の前の子どもたちの行動への対処に追われる毎日。つい、落ち込んでしまっていたぼくに、当時の校長先生がかけてくださった言葉は、その後もずっと、「荒れ」ている子に関わるときのぼくの座右の銘になった。
　校長先生曰く、「この子らは15年かけて、いまのように『荒れ』るようになったのだから、教師が出会う1年、2年で『立ち直らせよう』と思うことは、教師の思い上がりだ。15年かけて『荒れ』たなら、同じ15年かかるぐらいの気持ちでとりくまないと」と。この言葉で、ぼくは肩の力が抜けると同時に、粘り強く、根気よくとりくむことの大切さを再認識したのだった。
　「荒れ」ている自分というのは、その子にとっては、その時点でのアイデンティティである。「立ち直る」ということは、そのアイデンティティをかなぐり捨てることであり、本人にとっては、相当しんどい精神的な作業なのである。だからこそ、そう簡単には「自分」を捨てられない。したがって、教師もまた、「荒れ」ている子に関わるには、早急に結果を求めない根気強さが必要なのである。

しんどかったけど

> 教室に入らず好き勝手している生徒をおいかけてるばかりの日々、行事がうまくできなかったとき、めちゃくちゃなことばかり言う親対応の日々、しんどい思いをしている子とともに悩んだことなど。困ったり、しんどかったときに力がついていって、次につながってきたように思います。
>
> （経年35年）

> 一年目のとき、荒れている学級をもちました。支援がいる子もたくさんいて、事件も毎日あって、学校に行くのが本当に嫌でした。
> 　別の学校に転勤することが決まって、みんなから手紙をもらいました。
> 　「怒ると自分でもやめられへんかったから、先生がとめてくれてうれしかった」「足を骨折して、オニゴッコできないときに、先生がおんぶして走ってくれたことがうれしかった」「たいへんなクラスだったけど、先生がいつもニコニコしていてくれたからよかった」と、励みの手紙がすごくうれしくて、いまでも自分の支えとなっています。
>
> （経年不詳）

　「苦あれば楽あり」という言葉がある。一般的には、苦しい場面にある人に対して、「苦しいときもあれば、きっと楽しいときもあるよ」というふうに「励まし」の言葉として用いられる。

　しかし、ぼくは少し異なる理解の仕方をしている。ぼくはこの言葉を、「苦しいことのなかにあって、楽しさを知る」との意味だと考えている。

　前述の大荒れだった中学校に勤めていたとき、たしかに日々「苦しい」ことの連続だった。だが、学校ぐるみで「荒れ」に立ち向かう取り組みを進めることができるようになり、やがて本当の意味での教師間の連帯が生まれた。夕暮れ時、子どもたちが下校した後の職員室で冗談も言いあえる

ようになった。この「仲間とつながっている」感は、けっして日々が「苦しい」だけでなく、そのなかでの「楽しさ」ともなったのであった。

たしかに、「荒れ」ている子に対峙することは、「苦しい」ことではある。しかし、その過程で、その子とのつながりが芽生えたり、少しは「立ち直る」傾向が見えたり、同僚との一体感が生まれたりと、しんどかったけれど、プラスになったこともたくさん生まれるのである。

寄りそって

> 家庭が苦しい児童に対し、（体育で）一緒に走る、「今日がんばったこと」「最近の様子」などの細かな連絡でコミュニケーションをとることで、その子や保護者ともつながることができた。　　　　（経年5年）

> 授業でうまく集中できない児童に対して、休み時間に積極的に関わると授業に集中し、話しあい活動にも参加していたとき。　（経年1年）

> 友だちとのトラブルが原因で教室に入りたくないという女子との出会い。寄りそって話を聴く。その子の"つらい"にむきあうようにした。家庭のこと、習い事のこと、友だちのこと、何気ないことをたくさん聴きだすことで、「先生に話してよかった」と言ってくれたこと。お家の人（母親）とも連絡がとれて、その子の気持ちがすごく安定したこと。
> "寄りそって話を聴く"ことの大切さを学びました。　　　（経年2年）

> なかなか私の方を向いてくれない、クラスで勝手なことばかりする子どもと出会い、話したり、文を読んだりするなかで、その子のことが少しわかり、いっぱい意識して話をしているうちに、その子のほうから頼ってくれるようになったとき。　　　　　　　（経年20年）

> 問題行動を毎日くりかえす子どもと、毎日5分以内で話をした。毎日残るときに暴言をはくので、「やめようか」と思うときもあったが続けた。しかし、一年の最後に手紙をくれて「毎日話を聴いてくれてありがとう」と書かれてあった。それを見て「聴いてほしかったんだ」と感じた。
> (経年20年)

> なかなか教室のなかで居場所をみつけられない子を担任したときに、とにかく1対1で話をする時間をたくさんとりました。
> 友だちとのこともうまく気持ちが表現できずに、「遊ぼう」という言葉代わりに殴る、物を取るなどをくりかえしていました。勉強も「生活保護もらうから、やる意味がわからん」となかなか向きあえません。放課後に教室で勉強を始めるまで半年近くかかりました。
> あるとき、彼が放課後学習の帰り際に、「また明日な」と声をかけると、ふりかえりもせず、手を振りました。その姿で、この先この子が差別で下を向かされることを絶対にしたらあかんと強く突きつけられた気がします。
> (経年17年)

> 不登校の子がおり、その子が3年生のときに担任しました。深夜に出歩いたりしていた子ですが、修学旅行に連れていくために、日々家庭訪問をしたり保護者と話したりして、一緒に行くことができました。そして、「自分を語る会」で、本人の思いを聞くことができました。
> (経年6年)

じつは、教師は、他者の話を聴くことが苦手だ。教師生活のなかで、もっぱら話すこと、教えること、指導することを「教育」だと考えてきたからかもしれない。

で、ついつい「荒れ」ている子に対して、たとえ善意から出ているのだとしても、その子に「君は〜が間違っている」と話し、そこを正そうと指

導に力を入れることを「生活指導」だと思ってしまう。その結果、子どもとの距離は広がるばかりということが数多くみうけられる。

　大切なことは、まずは子どもの話を聴くということである。それも共感的に聴くということが求められる。その子が発する言葉の向こう側にある、その子の心の闇、悲しみ、怒り、そしてじつは「立ち直りたい」と思っている小さな兆し、そういうものへの共感を自らの内にふくらませながら、子どもの話をしっかり聴くということが、寄りそうということである。

その子の別の面がみえた

> 自分勝手で周りをふりまわすタイプの子がいたが、その子が休んだ子の分の作業を自分からすすんでやってくれたとき。子どもは成長するんだな、いままで気づかなかったなと担任である自分が気づけたこと。子どものいろんな面を見ていこうと思えました。　　　　（経年不詳）

> ６年でやんちゃな子を担任していたとき、その子の思いもしっかり聴かずに怒ってばかりでした。とくに、支援の必要な子へのいじめが許せなくて、頭ごなしにどなってばかりでした。そんなとき、道徳の時間に「わたしのいもうと」という絵本を使って授業をすると、授業後に「自分がやっていることはいじめや。こんなんおれもしたくないねん」と泣いて言ってくれました。いじめてしまった子の気持ちやつらさをしっかり聴くことが大切だと強く感じた。　　　　（経年６年）

　眼前にいる「荒れ」ている子のくりかえされる問題行動、教師に向かっての暴言、級友への暴力などなど、ともすれば、その子のマイナスの面ばかりが目につく。

　しかし、何重にもマイナス面で覆われているとしても、どの子にも「いい面」はかならずある。ただ、教師に見えていないだけだ。「荒れ」てい

る子に関わろうとするとき、教師がその「よさ」に気づき、それを根拠にして、子どもと対峙し、迫ることが大切なのである。

　そのためには、その子を視る角度を変えてみることも必要だ。とくに家庭訪問は欠かせない。ぼくは、若いころに、先輩教師から「子どもが視えなくなったら家庭訪問」と教えられたが、家庭訪問で、学校で見ているだけではわからなかった、その子の別の面を発見したことは数知れない。

　それ以外にも、その子がクラブに入っている場合は、クラブ活動をしている姿を見に行くとか、教室内での「荒れ」ている姿以外の場面を視ることが、その子への深い理解につながるのだと思う。

　定年前の最後の３年生で担任したクラスにちょっとやんちゃな男の子がいた。あるとき、仕事の関係でしばらく家を留守にするという母親から電話をもらったが、母親が行くという海外研修の背中を押してくれたのが彼だったそうだ。母親曰く、「母思いの優しい子です」と。ぼくは、学校での一見強面の彼の別の面を知った気がしたものである。

子どもが変わった

> １学期には「周りの人間はすべて敵」だと考えている子がいたが、その子が問題行動を起こすたびに、しっかり話を聴き、寄り添うことを心がけた。また、その子の問題行動をクラス全員で話しあうことを続けた。だんだんと子どもの目つきが変化し、３学期には周りを信頼するようになった。
> 　　　　　　　　　　　　　　　　　　　　　　　　（経年８年）

> 言動から周りから浮いてしまう子がクラスにいた。それまでは、教師の思いや考えを伝えてなんとかしようと考えていたが、あるとき、クラスのみんなのその子への思いを伝えさせた。そのことが心に響いたようで、その日からその子の様子が変わった。
> 　　　　　　　　　　　　　　　　　　　　　　　　（経年４年）

教師が、担任として子どもと関われるのは基本的には1年である。4月当初、当然子どもとはかなりの距離がある。子どもは、教師の様子をうかがっている。教師も、子どものことが視えず手探り状態のはずだ。

　そして、やんちゃな子を中心にすえて学級づくりにとりくむことになる。「学級びらき」から「学級目標づくり」へ。そして、「班づくり」などの「学級組織づくり」を経て、学級は動き出す。その時点では、やんちゃな子はまだまだクラスに居場所がないかもしれない。クラスの子から恐れられ、嫌がられているかもしれない。クラスに「仲良し」感を広げようと、さまざまな学級活動にとりくんでみても、やんちゃな子がいまいち乗ってこないこともあるだろう。そうして、担任としてあまり効力感のないまま1学期を終えることになるのもしばしばあることだ。

　2学期、学級づくりに大きく関わる体育祭や文化祭。ここでやんちゃな子にこだわって取り組みをすすめ、彼・彼女がクラスの仲間とともに行事をつくりあげることができたら、おそらくは、彼・彼女ら、また、クラスの子どもたちも変わりはじめる。

　さらに、体育祭・文化祭の成果をふまえて、一人ひとりの思いを出しあうことを学級づくりの中心にすえて3学期を迎える。この取り組みのなかで、やんちゃな子が自分の思いをクラスの前で語ることができたら、確実に子どもは変わるのである。

　こうした、やんちゃな子にこだわった学級づくりの1年によって、子どもの変化を感じたとき、教師の担任力は、それ以前に比べて確実にアップしたのだといえる。

同僚とつながる

　教育困難校といわれる学校に勤務していたとき、生徒の対応はたいへんでしたが、その分教員がまとまり、遅くまで話しあって方針を決めてねばり強くとりくんだ結果、学年やクラスが少しずつよくなって

> いきました。
> 　生徒への対応はもちろんですが、教師間のコミュニケーションの大切さを感じました。
> 　　　　　　　　　　　　　　　　　　　　　　　　　（経年 34 年）

　かつて、日本中の中学校が大荒れだった 1980 年代初頭、多くの識者が「教師間の意思統一に成功したら、非行克服は半分なったようなものだ」と指摘していた。

　ぼくの体験からいっても、そのことは間違っていないと思う。しかし、じつはこのことは口で言うほどたやすくはなく、たいへんむずかしいのである。

　むしろ、子どもたちが「荒れ」はじめると、教師間の不一致が際立ってくる。ある教師は「管理的な教師が子どもを押さえつけてきた結果だ」といい、ある教師は「管理に反対する教師が子どもを甘やかしてきた結果だ」という。お互いを陰で、ときには表だって非難するようになり、教師間の一致などほど遠い状態が生まれるのである。そして、子どもたちは、教師の意見の違いをあざ笑うかのごとく、行動をエスカレートさせていく。これが、「荒れ」が大きな社会問題になった当初の学校の様子だった。

　しかし、「荒れ」を、意見の異なる者のせいにして座して見ていることに耐えられなくなり「なんとかしなければ」と考えるようになった教師たちが、教師間の意見の不一致を乗り越える努力を続け、「荒れ」の克服にむけて動きはじめたのだった。

　逆にいえば、教師間の不一致を克服した学校が、「非行」を乗り越えることができたのである。

　ぼく自身も、勤めていた学校で、教師の意思統一を図ること、しかも形式的ではなく日々の行動の一致にまで意識を高めることに力を注いだ。長い時間がかかったが、その結果、たくさんの"友"を得たし、教師同士をつなぐ力がアップしたと思っている。

　昨今よくいわれる「チーム学校」も、本来は、そういうものではないだ

ろうか。個人のよさを消して全体に合わせるのではなく、個人のよさを結集して相互批判に寄りながら「違いを豊かさに変える」ことができた学校にこそ、「チーム力」が生まれるのだと思う。

障がいのある子

　2016年4月1日に施行された「障害を理由とする差別の解消の推進に関する法律」（いわゆる障害者差別解消法）は、第2条で、障害者を「身体障害、知的障害、精神障害（発達障害を含む。）その他の心身の機能の障害（以下、障害と総称する。）がある者であって、障害及び社会的障壁により継続的に日常生活又は社会生活に相当な制限を受ける状態にあるものをいう」と規定している。また、そこでいう「社会的障壁」とは「障害がある者にとって日常生活又は社会生活を営むうえで障壁となるような社会における事物、制度、慣行、観念その他一切のものをいう」とも規定している。

　すなわち、障がいのある子どもが、学校生活でさまざまな困難に出くわすのは、学校という「制度」や学校におけるさまざまな「慣行」、教師やほかの子どもたちの「観念」にも、その要因があると考えることが求められているのである。

　また、同法は、第7条と第8条で、「行政機関」や「事業者」が「事務」や「事業」を行う際に「障害を理由として障害者でない者と不当な差別的取扱いをすることにより、障害者の権利利益を侵害してはならない」としている。

　学校でいうならば、「障がいがあるから」ということで、その子どもを学校から非除することはもちろん、授業や行事、学級から排除することで、その子の人権を侵すことがあってはならないということである。

　しかし、日本の学校は、長年にわたって障がいのある子を排除して成り立ってきた。したがって、建物としての学校も、制度としての学校も、障がいのある子とそうでない子とが共に生活し、学ぶうえでの実践上の経験

値がまだまだ少ないといえる。

　だから、障がいのある子と出会い共に学ぶ授業や共に生活する教室をつくりだすには、現場の教師が手探りで進めるしかない。そして、「始めに授業ありき」「始めに学級ありき」ではなく、障がいのある子や保護者の願いを受けとめ、授業や行事、学級や学校のあり方を変えていくことで、確実に教師としての力を身につけることができるのである。

> 　自閉症のＤとの出会い。重度の自閉症で、いろいろなことをみんなとするのが苦手で、よくパニックを起こしたが、どんなに大きな声を出しても、暴れても、教室をとびだしても、それを放っておかなかったクラスの子どもたちと、その友だちの様子（温かさ）を感じて、その子がいろいろなことを一緒にできるようになった。どんなことがあっても"放っておかない"ってすごいことだと子どもたちから教えられた。
> 　　　　　　　　　　　　　　　　　　　　　　　　　（経年6年）

> 　支援学級の担任をしていて、担当の子が教室でヒートアップしていたときにクラスの子が私を呼びに来て、その子が私の顔を見て落ち着きました。すると、周りの子が「○○先生がおったら、○○は落ち着いてるね」と言いました。なかなかうまく関われていないと自分では反省していた時期だったのですが、きちんと関係ができていたと確認できた瞬間でした。
> 　　　　　　　　　　　　　　　　　　　　　　　　　（経年2年）

> 　支援の必要な子への対応がうまくいかずに悩んでいたとき、クラスの子どもたちが、自発的に私をフォローしたり、声かけをしてくれたり、私がいないところでも何気なく自然に支援の必要な子、泣いている子ども、困っている子どもに温かい言葉かけや、親身になって関わってくれているのを感じ、感動したときです。
> 　また、支援の必要な子も、まわりの子どもたちと自ら関わり、考え、

がまんしたり、自分の気持ちを素直に言えるようになってきて、周りの子どもが、その子の成長を認めたときに、一年間担任してきてよかったとなと思いました。
(経年7年)

支援学級を4年続けた後に普通学級の担任をしたとき、子どもをみる目が変わった。それまでは、一人ひとりみているつもりだったが、一方的に投げかけていることが多かったのに気づき、支援学級担任を経てあらためて担任をして、しんどい子にも目が向けられるようになり、担任力がアップしたと感じた。
(経年36年)

支援学級の担任なので、クラス全体に関わることはないが、個々に支援を必要としている子と向きあうとき、何に悩んでいるか、苦しんでいるか、困っているかを考え、具体的な支援方法に試行錯誤しながらとりくんでいると、それが、自分自身の考え方や教育方針が変わっていくターニングポイントとなっている。
(経年13年)

ADHDで、自分を抑えることが苦手で、腹が立つと暴言や暴れてしまう子を担任していたとき、一番気になっていたのが、「その子を周りが怖がっている。悪い子だと思っている」ということでした。

その子は、自分が「よい」と思ってやったのに、きちんとしようとしてできなくて悔しいときに怒ってしまうだけで、ふだんはとても優しい子でした。

そこで、その子には暴力や暴言はよくないとしっかり注意する。でもその子の思いはしっかり受けとめて、クラスの子どもたちに伝え、「周りも注意しないのが冷たい」と何度も話すうちに、クラスとしてすごく成長しました。
(経年7年)

教師になって1年目にもった3年生のクラスに足が少し不自由な女

の子がいた。

　そのころ学校では、運動会のときに「紅白対抗選抜リレー」という競技があって、3〜6年の各クラス男女2名ずつが出てリレーをするというものだった。

　暗黙の了解で、「各クラス足の速い子」というようなきまりがあったようだが、1年目の私はそんなこととは知らずにクラスで立候補をつのった。そして、女子の白チームでの立候補は、その女の子一人だった。

　その子の意欲を尊重したいとの思いと、本当に走りきれるのかという不安もあり、保護者や管理職、学年にも相談した。学校としては「その子が走るのは……」という反応で、教師になって半年しか経っていない私は、「結局学校のなかには差別がある」と思っていた。

　保護者・本人の意向もあり、結局出場することになったが、あきらかにスピードに差がある。そんなときに、いろいろな先生が意見を出しあい、すべてのチームが同じタイムになるようにチームを組んでくれた。結果はどうだったか覚えていないが、その保護者も子どももとても喜んでくれ、いまも引っ越した先から年賀状が来る。

　私は、たくさんの人に迷惑や心配をかけたかもしれないけど、「いつでも子どものために」ということを心にがんばっていこうと思うようになった。

（経年15年）

　支援を要する子の担任につきました。クラス担任とは違って、6人と少数ですが、「なんでやねん！」と私が怒ってしまったり、子どもが不安やパニックになって口論になったりと、さまざまな衝突がありました。

　うまく話せない子もいますが、自分の思いを聴いてもらったり、その子の話や、どんな気持ちやったのか、お互いが納得できるまでじっくり聴くこと、話すことをしてきました。

私の未熟な部分から子どもを困らせてしまうことが多々ありましたが、話しあいを通して、子どもの顔色やHelpがよく感じられるようになりました。担任力とは違うかもしれませんが、成長したかもと感じています。
(経年1年)

　映画「みんなの学校」の舞台となった大阪市立大空小学校の初代校長の木村泰子さんは、その著書『「みんなの学校」流自ら学ぶ子の育て方』のなかで「『みんないつも一緒にいて当たり前やろ？』というのが、私の考え方です。特別支援学級があってそこに入ってしまうと、発達障がいの子は最初から違う学級の子になってしまいます。特別支援学級の子は通常学級の子ではなく、特別支援教育の子なのです。それは強い差別と偏見を子どもに植えつけていくことになります。ここからスタートしていることは大きな間違いだ、と私は思います。
　本来みんな一緒にいるのが当たり前で、その子が困るなら、困らないような周囲の環境をつくるというのは、教育として、当たり前の支援です」[28]と述べている。障がい児の教育を進めるうえで大切にしたい視点である。

外国にルーツのある子

　ある日突然、日本語がまったくできない外国にルーツをもつ子どもが教室にやってきたら、教師は多いにとまどうことになる。
　まず、意思の疎通がむずかしい。身振り手振りで言いたいことを多少は伝えることができたとしても、その子の気持ちや意思をくみとることはむずかしい。ほとんどの場合、その子の母語で書かれた教科書はない。当然、授業では、イラスト、写真などの視覚教材をたくさん使い、その子が少しでも興味・関心を示す工夫をしなければならない。もちろん、日本語指導の教員が派遣されるが、それも時間が限られている。週に数回の日本語指導だけでなく、授業のなかでも日本語を獲得していくような授業の組み立

ても考えなくてはならない。学校の規則を説明し、守らせるのはたいへんだ。規則のなかには、その子の母国の文化や生活習慣に抵触するものもあり、遵守させようとすることが、その子のアイデンティティを否定することにもなりかねない。

　そして、同調圧力が強く、「みんなで一緒に」という文化がしみこんだ教室で、異端の排除の力学が働きやすい子どもの社会では、外国にルーツをもつ子どもが「いじめ」の対象になりやすいという問題もある。

　しかし、外国にルーツをもつ子に対する教育が同化教育であってはならない。外国から日本にやってきた子どもは、家庭では言葉、生活習慣など母文化のなかで暮らす。反面、学校では日本文化のなかにおかれてしまうのである。結果、子どもたちのうち、ある子は、日本文化に取り込まれて、母文化を忘れることになる。親や祖父母と会話ができなくなってしまうこともある。逆に、日本文化になじめないままの子もいる。こうした子は不登校にもなりやすい。望ましいのは、母文化を忘れず日本文化のなかでもうまく生きていけることだが、簡単なことではない。むしろ、どっちつかずになり、アイデンティティが揺れ、ときには問題行動を起こす子も少なくない。

　とするならば、もっとも大切なことは、その子に寄りそい、その子のアイデンティティを大切にして、自尊感情を育むことである。そして、同化教育とは異なる、その子の存在を「違いを豊かさに変える」チャンスだと捉えて、ほかの子どもたちをも変える、さまざまな実践にとりくむことである。

　たとえば、あいさつなどに母語をとりいれる。教室の備品などに母語を貼る。教室にその子の母国の生活用品などを展示する。その子の母国を紹介するコーナーを作る。総合学習などでその子の母国をとりあげたり、その子を教師役にして外国語教室を開く等々、いくらでもできることはある。

　そして、何よりも教師自身が楽しみながら、実践することが大事だと思う。

中国からの直接編入の子との出会い。
　その子が中国に一時帰国している間に学校行事が全部終わってしまいクラスにはいれなくなってしまった。しかし、辞書を使って子どもたちが使いそうな表現を日本語で練習し、クラスの仲間に質問するようにしていくと、3学期にはクラスのなかにいてもむずかしい顔をすることはなくなっていった。
（経年3年）

学級づくりのさまざまな場面で

　大学では、教育系学部や教職課程といえども、学級づくりについて系統的に学ぶ機会はほとんどないだろう。しかも、教科教育などと違って、そもそも学級づくりは"論"とはなりにくい。毎年出会う一人ひとりの子どもにはそれぞれ個性があり、一方教師にも個性がある。その個性がぶつかりあうなかで生まれる学級づくりにも当然個性があるわけで、学級づくりは一般化しにくい性格のものなのである。したがって、実践記録やハウツー本などはあっても、総合的に論じた書籍は少ない。
　しかし、教師となり担任となった以上、日々子どもたちと向かいあい、「群れ」状態から、一定の意図をもった「集団」に育てていかなければならない。それが、「学級づくり」であり、担任として誰もさけて通ることはできない。
　教室では、子どもたちとの関わりのなかでさまざまなことが起こる。「いじめ」など、問題が起こることもある。運動会・体育祭、文化祭といった行事の取り組みやキャンプなどの宿泊学習も学級のありようを左右する。何よりも、日々、朝の会、授業、給食、掃除、終わりの会などなど、多くの場面での子どもたちとのやりとりがある。また、班づくり、係活動や委員会活動もある。学級独自の文化活動にとりくむこともあるだろう。

そうした教室におけるすべての場面で、子どもの言葉に耳を傾け、子どもに向かってどのようなことを発信するのか。子どもたちが引き起こす日々の小さな出来事を、子ども同士をつなぐ学級物語にどう編み上げていくのか。そうしたことが、すべて教師の栄養となって、教師は育つのである。

行事の取り組みで

　行事のときに「みんなのためにがんばるぞ‼」と子どもたちで声をあげているのを見たとき。個性の強い子たちだったのですが、子どもたちのつながろうする力から学ばせてもらいました。　　　（経年7年）

　初めてのことばかりでとまどっていた4月に比べ、子どもたちとの雑談や会話のなかで関係性を築けてきていると思います。そのターニングポイントは体育祭へむけての学活だったと思います。作戦会議でうまくみんなをのせることができたからです。　　　　　　（経年1年）

　文化祭で、合唱曲が自分たちの希望通りにはならなかったが、それでも一生懸命練習した結果、最優秀賞をとれることができたとき。
　　　　　　　　　　　　　　　　　　　　　　　　　　　　（経年9年）

　クラスでとりくんだ長縄大会で、たくさん練習したにもかかわらず結果はあまりよくなかった。しかし、クラスの子どもたちは、「協力できたからよかった」「やってよかった」「協力は1位だ」と言ってくれたこと。　　　　　　　　　　　　　　　　　　　　　　　（経年7年）

　最後の児童会まつりで「劇（全員出演）」をするか、「迷路」にするかでクラスでディベートをしました。「劇」側に座っていたクラスで

> 一番おとなしい女の子の意見をどうしても聴きたくて尋ねると、すごくちいさな声で、真っ赤になりながら「私は、大きな声も人前も苦手だけど、せっかくだから、みんなと一緒ににがんばりたい」と言ってくれました。それを聴いてクラス全員、一発で「劇やな」と即決でした。
>
> （経年不詳）

> 新任 年目のとき、合唱コンクール前日までクラスのまとまりがなかったことがあった。クラスのリーダーがしんどくなってしまって、「もうこのクラスは出ないほうがいい」と発言した。その日は、初任者研の都合でクラスを離れており、研修が終わった後にこの話を聞いた。自分自身の思いをぶつけることが足りず、それが伝わっていなかったから、そのような事態を引き起こしてしまったと反省した。合唱コンクールの当日、いまのクラスへの思いを伝えることができ、出場することになった。教師になって3年という短い期間だが、もっとも印象に残っている。
>
> （経年3年）

> 一年生を担任していたとき、3学期の行事に「新一年生を迎える会」がありました。その会のために、グループを分け、いろいろな準備をして当日を迎えました。
>
> その会を見回っているなかで、クラスの子が新一年生に一生懸命に教えている姿を目のあたりにしました。その教えていた子は、クラスでやんちゃな子、一番幼い子であったので、よけいに鮮明に記憶に残っています。
>
> （経年8年）

学級づくりのなかで、行事の果たす役割は大きい。

学級づくりの一つの側面は「子どもと子どもをつなぐ」ことである。そして、行事は、その子どもたちをつなぐ「つなぎ」の役割を果たす。なぜなら、行事にとりくむなかで、「同じ目的にむかって力を合わす」ことや「自

分のもっている力や知恵を出しあう」こと、また「その過程での行き違いを乗り越える」ことなどによって、子どもたちが体感する級友たちとの「一体感」が、子どもたちの「つながった」感を醸成するからである。

　一つひとつの行事にとりくむ際、教師は、子どもたちと一緒に、学級づくりにおけるその行事の意義を確認し、行事の内容を企画し、子どもたちの力をどうつなげるかという組織のあり方を考え、子どもたちの取り組みを支え、励まし、ときには叱咤し、その成功をめざす。終了後うまくいったときには、おおいに褒めることが必要だ。また、うまくいかなかったときには、教訓を引き出し「次」につなげる話をすることが大切だ。

　このように、子どもたちとともに行事にとりくむことは、確実に教師の力量を高める。ただし、あくまでも、教師も楽しみながらとりくむことが肝要である。しかめっ面で子どもをどなりながら行事にとりくんでも、力量が高まることはない。

子どもと本気でぶつかった

　子どもたちが決めた「学級目標」に「思いやり」「助けあい」をかかげながら、クラス学習会の取り組みを否決した。そのとき、協力の大切さを学ばせるために、また担任の本気さを見せるため、掃除、係の仕事など、協力してやるものはすべて担任がやりました……。結果、その後は子どもたちは目標を大切にしました。　　　　　　（経年7年）

自分の本音を出せた

　クラスミーティングという、生徒たちが本音で話しあうことをめざす場で、初任から担任してきたクラスで、初めて、自分ができていないことをすべてさらけ出して生徒に謝りました。具体的には、不登校の子どもをその場に連れてこれなかったことです。しかし、それを生

徒にさらけだした結果、クラスの子どもたちに声をかけられて、その子は卒業式に出ることができました。このように生徒の力を借りることもあっていいと実感しました。
(経年4年)

子どもと"素"でのやりとりができた

朝の会のとき、疑問に感じるような連絡をしていないのに、ある児童が挙手をした。「どないしたん」と尋ねると、その児童は「先生、チャックが開いてます」と、まあまあ大きな声で言った。その後クラスは大爆笑になった。
そのとき、私は、このクラスの児童を上から押さえつけるような先生でなかったことに少し安心した。教師に何でも言えるクラスの雰囲気があってよかったと感じました。
(新卒)

「お楽しみ会」で「先生一緒にダンスしよう」と言われて、一緒に練習して発表したこと。その学年の最後に子どもたちが「終わりのあいさつしていい」と言われ、「一年間ありがとうございました」と言ってもらえたとき。
(経年2年)

クラスミーティングをするために、自分の経験を話しました。2年生のときは、自分の弱みを見せるようで深く話せなかったのが、今年3年では話せました。生徒の心をひらくためには、自分の心を開くことが大切だなと気づけた体験でした。
(経年2年)

クラスで問題が起こったら、子どもたちに「本音で話しあおう」と言う。クラスミーティングでは、「ありのままの自分を語ろう」と言う。問題を起こした子どもに「本当のことを聞かせて」と言う。いずれも教師なら、誰にも経験のあることだ。

しかし、子どもたちはそう簡単には自分を開示しない。それもそのはずだ。当の教師自身が、「素の自分」を出せていないからであり、「本音」で子どもと対峙できていないからである。誰しも、本音でぶつかってくれない相手に、本当の自分を出しきるものはいない。

　学級づくりのなかで、教師と子どもたちのあいだにある「垣根」を取っ払い、「教師」という立場からだけでなく、「人」として本音で子どもとぶつかることができたとき、子どもたちもそれに応えようとするのである。

子どものことが視えるようになった

> 　学年末に一人ひとり子どもたちを思い、その子の「よいところ」を中心に「心メッセージ」を書いて渡しているのですが、担任一年目は欄がうまらず悩んだ子がいた。しかし、３年目の去年は全員スラスラと伝えたいことが出てきたので、一人ひとりを視ることができるようになったのかなと感じた。　　　　　　　　　　　　　　（経年４年）

> 　クラスに対して完ぺきを求めなくなったとき。それまでは、自分の思いをなんでわかってくれないんだと思ったり、こちらの思っているように動かないと落ち込んだりしていたが、枠にはめようと思わなくなったら、自分たちで考え、思いやって行動できるようになってくれた。　　　　　　　　　　　　　　　　　　　　　　　　　（経年７年）

> 　何かを決めるときに、「○○しようと思うけど、みんなどう思う？」と、クラスの子どもに聞ける心の余裕ができたとき。　　　（経年２年）

> 　生徒を見ずに、自分の話を聞かせようとしている自分に気づいたとき。とくに学活のときに、生徒がどこまで理解しているかということを考えるように心がけています。　　　　　　　　　　　　　（経年２年）

「この子はどうして問題ばかりおこすのだろう」「この子はどうしていつも自分に反抗的なんだろう」等々。一筋縄ではいかない子どもに出会ったとき、教師は思い悩んでしまう。で、ついつい「もうワケわからんわ」という愚痴が口をつくことになる。

　しかし、子どもの言動にはかならず理由がある。ワケもなく問題行動を起こしたり、ワケもなく教師に反抗的な子どもなどいない。大切なことは、子どものそうした言動の向こう側にある"ワケ"に気づくということだ。それには、子どもを目に見える表面だけで「わかった」気になることをさけ、子どもを深いところで理解しようとする"感性"が必要になる。

　そして、子どもが視える教師とは、そうした感性のもち主だといえるのだ。

子どもの成長を目のあたりにして

> 　6年生を担任していたときに、子どもたちが主体的に立案・企画し、地域のお年寄り、保育園児と交流するイベントができたとき。
> 　　　　　　　　　　　　　　　　　　　　　　　　　　（経年5年）

> 　3年の担任をしていて、生徒会の仕事をしていて。クラスの合唱練習をほとんどみられず、生徒まかせで。一時ぼろぼろでどうなるかと思ったが、何人かの生徒が立ち上がり、優秀賞を取れたとき、初めて生徒の力を信じました。
> 　　　　　　　　　　　　　　　　　　　　　　　　　　（経年33年）

> 　「協力・周りを大切にして」ということを言いつづけた。2年生での学年リレーで、自分の思いを受け止めて、クラスには特別支援を要する子がいたが、その子も含めてメンバーを決め、優勝をめざして練習にとりくんでくれた。
> 　　　　　　　　　　　　　　　　　　　　　　　　　　（経年2年）

第2章…先生100人に聞きました　103

班ノートで、はじめは自分と個々の生徒とのやりとりだったのが、しだいに生徒同士が、ときには班を超えて交流するようになりはじめたとき。　　　　　　　　　　　　　　　　　　　　　　　（経年34年）

子どもたちが、クラスの課題や方向性について、自分の話を聴いて「うなずいた」とき。また、その課題について話をした後、子どもたちから前向きな意見、行動への変化が見られたとき。毎日、自分からあいさつを続け、気がつけば子どもたちからあいさつがくるようになったとき。　　　　　　　　　　　　　　　　　　　　　　（経年8年）

終わりの会での「質問タイム」での子ども同士の質問が、当初は「何色が好きですか？」「猫と犬とどちらが好きですか？」などの単純な質問が多かったが、やがてその子の本質にせまる「Aくんはどうしてそんなにドッジボールがうまいんですか？」と言ったような、相手を褒めながら質問できるように変わっていったこと。　　　　（経年4年）

中学3年の担任をしたときに、卒業前にクラスミーティングをしました。クラス全員が輪になって座って、クラスへの感謝の気持ちと将来のことを話せました。そのなかで、課題をかかえている子が「こんな私を受けとめてくれてありがとう」と話しました。　　　　（経年6年）

私の誕生日にバースデーケーキをくれたクラスの子が「先生、○○くん（不登校の子）のカードも絶対そろえるから待ってな！」と言ってくれたこと。クラス33人で6年2組だという意識が根づいていてうれしかった。　　　　　　　　　　　　　　　　　　　　　　（経年5年）

初任のとき、特別支援の必要な子どもの対応にとまどった私に、クラスの子どもたちが「こうするといいんや」と言ってくれたり、その

子が、手を出してしまっても「いいよ」って許せる様子を見たときに、「あっ私の気持ちはクラスの子どもたちに伝わっていたんだな」と感じました。
(経年4年)

　クラスの誕生日会をサプライズでしてくれたとき。課題のある子もいましたが、子ども同士で声をかけあい、全員でお祝いしてくれました。"全員で何かをできるようになっている"ことがうれしかったです。それまでのクラスの子の誕生日会は担任が入って企画とかしていたので、「子どもだけでも」できたということがうれしかったです。
(経年10年)

　終わりの会で、「きらきらさん発表」と題して、子どもたちが、その日の「すごいな！」「すてきだな！」と思ったことを発表するが、本当に目立たない、見過ごすようなことに目を向けて、そんな子を見つけて発表してくれたとき。
(経年38年)

　昨年、担任をしていたクラスの子の一人が、2学期の半ばぐらいから言動が変化しました。2学期末の懇談の際、その子の親から「先生の『人の思いについての話』を聞いて、この子は変わりました」と感謝されました。私にとっては、クラス全体に話したことだったのですが、とてもうれしく感じました。
(経年1年)

　教師になりたてのころ、先輩教師から「教育とは、子どもとともに夢を語ることだ」と聞かされた。そして、ぼく自身もそのような教師でありたいと思ってきた。しかし、昨今はそうはいかない。先行き不透明なこの時代、しかも情報化社会で、子どもにもそのことが何となくわかっている時代、「夢を語ること」だけでは何となく空疎で、時代と向きあっていないと感じるようになった。で、最近思うことは「教育とは、この時代を子ど

もとともに生きること」ということである。また、「教育とは成長途中にある子どもたちと同じく成長途中にある教師とのぶつかりあいであり、共に成長すること」だとも考えている。

　そのような関わりあいのなかで、子どもが「変わったな」とか「成長したな」と感じることがある。日々の生活のなかで、時間をかけてゆっくり成長していくこともある。行事の取り組みや起こった問題を解決する取り組みのなかで急速に成長することもある。

　そのような子どもの成長を目のあたりにすることは、教師にとって、とてもうれしいものである。そして、じつはそのとき、教師自身も成長し、それまでの自分とは変わっているのである。

子どもとのつながりを実感できた

　何もなくても、子どもに声かけをすることによって、それがきっかけで子どもの思いや悩みを聴くことができ、困っていることを相談にきてくれる子どもが増えたとき。　　　　　　　　　　　　（経年5年）

　とびこみの3年生担任。子どもたちにとってもなじみうすい教師が担任で……4月は互いに不安だったと思います。翌年3月、卒業式の朝、教室の黒板に生徒たちからの感謝のメッセージがチョークで一面に書かれているのを見て、教師としてがんばっていく自信が少しもてました。採用から15年もかかりました。　　　　（経年33年）

　毎日1回は全員と会話すると決めてスタートした4月。最初は、話しかけても薄い反応だったり、それ以外は寄ってこなかった子も5、6人はいました。2カ月を過ぎたころから、ずっと続けていた成果か、自分から話しかけに来てくれたり、近くでにこにこしていてくれたり……心を開きはじめてくれたんだ！と心のなかでガッツポーズでし

た。　　　　　　　　　　　　　　　　　　　　　　　　　　（経年1年）

　クラスの「中間層」といわれるような子（とくに女子）が、昼休みや終礼の後に、話しかけてくれることが増えたこと。
　以前は、リーダーや問題行動の多い子らと過ごす時間が多く、どうしても「中間層」の生徒たちに「どうせ……」と思われていた（ような気がする）。学校では、できるだけ彼・彼女らと話す時間を大切にし、それ以外は、放課後に電話や家庭訪問でコミュニケーションをとるようにしているのがよかったのかな……と思います。　　　　　（経年7年）

　「子どもとつながる」ことは、「子どもをつなげる」ことと合わせて、学級づくりの基本的な要素である。ぼくは、むしろ、子どもとつながってこそ、子どもと子どもをつなぐことが可能になると思っているぐらいだ。
　まさか「子どもとつながらなくてもいい」と思っている教師はいないと思うが、「つながろう」と思っているだけでは、実際に子どもとつながることは適わない。「子どもとつながる」ためには、「子どもの話を共感的に聴く」「子どもの言動の向こう側にあるものに思いを馳せる」「子どもをまるごと受けとめる」ことを基本にして、丁寧な関わりが必要なのだ。
　人と人のつながり具合は、何となく肌感覚でわかる。しかも子どもは正直だ。「上辺だけでもつながっているフリをしよう」などとはけっして思わない。だからこそ、子どもたちとつながってきたなと感じることは、教師にとって大きな喜びとなる。

子どもと子どもをつなぐなかで

　クラスには、学級としてのつながりを求める子どもが複数いたが、その子たちの誰もが、人前に立って話したり、みんなを引っ張ったりできるようなリーダーとしての性質を有していなかった。したがって、

> 担任の自分がお膳立てをしないと、その子たちの思いが結実することがむずかしいような状態だった。その子たちが自信をもてるように、そして周りにその思いが伝わるようにとりくんだが、それは、ふだん、自分が「指導」するよりむずかしかった。教師がメインにならず、子ども同士でつながっていけるようにしていくことが勉強になった。
>
> （経年6年）

　クラスには、生い立ちも違うし、現在の生活環境も異なるさまざまな子どもがいる。友だちづくりも、比較的スムーズにできる子もいれば、不器用で苦手な子もいる。

　学級というものは、一部の発言力の強い子どもたちだけに依拠して運営されていてはならず、友だちづくりの苦手な子どもたちをクラスの集団のなかに位置づけ、ほかの子との関わりをつくりだしていくことが、担任の仕事となる。そして、そうした子らが学級内に自らの役割をみいだし、クラスの一員だと自認できるようになったとき、教師の担任力もワンランクアップしたと感じることができるのだと思う。

子どもに教えられた

> 　2年生を担任していたとき、私は日ごろよりどの子もほめることを意識してとりくんでいました。もちろん課題のある子も同じようにほめて育てたいという思いでした。しかし、あるとき、その子と話し込みをしているなかで、「先生は全然ほめてくれへん」ということを強く言われ、いままでのことを反省しました。私の教育実践へのエネルギーのかけ方として、やはりほめる際には、少し照れもあり控えめだったと思い、それからは、ほめるときにもしっかりエネルギーを注ぐようにしています。それを教えてくれたその子に感謝しています。
>
> （経年6年）

子どもに、「先生、もっとおもしろくして！」と言われたこと。子どもたちは、もっとユーモアや「楽しい！」と思えることが必要なのかと思い、ドキッとした。自分の好きなようにまじめにしていた自分をふりかえるきっかけになった。引き出しを増やさなければいけないと思った。
　　　　　　　　　　　　　　　　　　　　　　　　　　　（経年2年）

　順風満帆だと思っていた（おごっていた）学級経営をしていたとき、一人の子が不登校になりました。
　初めは、さまざまな原因らしいことを言っていましたが、根本、根底に流れている「先生がぼくの話を聴いてくれなかった」という感情に気づき、泣いて謝りました。
　その次の年から、ささいなことでも全力で話を聴きました。すると、学級経営もよくなっていったような気がします。　　　　（経年13年）

　不登校の生徒への支援として、毎日の電話、家に迎えに行く。将来の話をするなど、積極的に支援していたのですが、あるとき、「誰に何を言われても、自分がその気になってないから行く気はない。何もしないでほしい。自分でやるから」と言われた。その後、やり方を変え、見守る・待つ、普通の何気ない話を電話で話すのみにしました。
　すると、本人が「フリースクールに行く」と母に相談し、病院も一人で行くようにようになりました。一人ひとりにあった支援の方法があるということを知りました。　　　　　　　　　　　　（経年1年）

　中3の入試直前、夜に個別で勉強を教えている場面で、英語の本文を読ませましたが、本人は読みませんでした。少し腹が立ち、「何で読まへんのや、高校に行きたいんやろう」と問うたところ、その子が一言「おれ、間違えたくないねん」と。
　中2から担任し、夜に勉強をけっこう長い間一緒にしてきたにもか

第2章…先生100人に聞きました　109

> かわらず、この子は幼いころから、授業の場面でたくさん傷ついてきたんやと実感したとき、子どもへの対応が、また変わったと思いました。
>
> （経年6年）

> 週に1～2日、特定の時間に登校する子を担任していたとき、その子の運動会への参加の仕方について、A案、B案どちらがいいか悩んで決めきれず、クラスの子に投げかけてみました。
> すると、クラスの子どもたちは、A案でもB案でもなく、それでもA案、B案のよさを生かしたC案でした。
> 私が担任力がアップしたと感じられた出来事は、クラスの課題をクラスの子どもたちと共有し、子どもに任せることができたことです。
>
> （経年9年）

　教師にとって必要な資質の一つは「子どもとともに成長する」ということだと先に述べた。「負うた子に教えられて浅瀬を渡る」ということわざがあるが、教師も子どもから教えられて成長することが少なくない。

　授業で、子どもから「わからない」「おもしろくない」と言われて、授業のあり方を考え直すということもある。「よかれ」と思った子どもへの関わりを拒否され、子どもへの関わり方を反省することもある。

　ぼくにも、若いころ、クラスの子どもたちから強烈なパンチをくらった経験がある。30歳ぐらいのときだった。担任した重度の障がいのある子どものことをつねにクラスに提起しつづけたが、そのことである女子のグループに大反発されたことがあった。その様子のおかしさにようやく気づいて、3学期も終わりに近づいたある日、彼女たちと話しあいをもって、ようやく彼女たちの不満が「先生は私たちのほうを向いていない」ということだったと思い知らされたのである。何というていたらく。

　そのとき以来、ぼくは、どんなに重い課題を背負っている子に寄りそって学級づくりをするにしても、「どの子も教師に自分のほうを向いてほし

いと思っている」ことを肝に銘じている。そのことをぼくに教えてくれた彼女たちに感謝である。

失敗から学ぶ

> 小学校2年生を担任していたとき、クラスで「語る会」をしたのですが、何でも言いたいことを言うという子どもが数人いて、マイナスのことを言われた子どもを傷つけてしまい、保護者からクレームの電話をいただいたこと。
> 子どもと何について語るのかの確認、そして人権への配慮が欠けていたと思いました。
> (経年8年)

「失敗は成功の素」という。学級づくりおいて、「何だかよくわからないけど、結果的にはうまくいったようだ」ということはあっても、うまくいかなかったことにはかならず理由がある。そのとき、大切なことは、「うまくいかなかったけど、次はがんばろう」で済まさないことだ。これでは失敗から何も学んでいない。大切なことは、「方針が間違っていたのか」「努力が足りなかったのか」など、失敗の原因をしっかり分析し、次に生かすことであり、それがあって初めて教師としての力は高まっていく。

1980年代初頭、2年生でやんちゃグループの1人を担任していた。夏休み前だったか、彼の様子がなんか変だなと感じながらも、「まあ、もう少し様子をみてみよう」と、彼との話し込みや家庭訪問をせずにいた。そうして一週間ほどたったある日、母親から、その子が夜中にバイク事故をおこしてケガをしたという連絡をもらった。様子がおかしかったのは、連日夜中にバイクを乗り回していたからだった。

その失敗からぼくが学んだことは、子どもの様子に「おかしいな」と感じたら、すぐに行動に移すということであった。「今日できることは明日に回さない」。同和教育の名言としてよくいわれることだが、文字通り「教

育とは、『今日行く』ことだ」ということを学んだのだった。

学級通信を出しつづけて

> 学級通信を書きつづけている。中身はざっくばらんだが、学校と家庭とをつなげる大切なツールと思って、心を込めて書きつづけてきた。
> 自分の思い、何に価値をおいているか、子どもの様子、成長への評価（とくにこのことを定期的に考えて書く習慣が一番幸せなときだと感じている）を盛り込んできた。
> 毎年、年度末におうちの方から一年をふりかえってのコメントをいただいている。そのコメントが、一年間積み重ねてきたことへの評価と思って受け止めている。
> （経年13年）

> 子どもが書いたタイトルとコラボしたり、4コマ漫画をいれたり、子どもにも新聞を書かせたりと、力を入れて出していた学級通信。配るときに子どもがうれしい顔をしたり、保護者から「楽しみにしています」と言ってもらえたりしたときに、がんばってよかったと思いました。
> （経年3年）

ぼく自身は、学級通信は学級づくりをすすめるうえで大きな力になると考えてきた。

担任の学級づくりの基本的な考え方を示す羅針盤にもなる。子どもたちの声を載せ、学級世論づくりに寄与することもある。体育祭や文化祭、宿泊学習などでは、子どもたちの取り組みを応援するサポーターにもなる。クラスへの思いや個々の子どもたちのことを書くときは、まるでラブレターを書くような気分にもなる。クラスに問題が起こったときは、学級通信に書くことで問題をクラス全体で共有し、「書く」という行為が事実を客観的にみつめることを助けてくれる。ときには、保護者にも登場しても

らって、保護者とのつながり、保護者同士のつながりを生みだす。できあがった学級通信を同僚にも配り、クラスの状況を知ってもらったり、教職員間の同僚性を築くことにも役立てたい、等々。

　そして、できあがった学級通信を子どもたちに配る際は、かならず声に出して読んだ。また、その後に少し解説をつけ加えるようにしていた。その積み重ねが学級づくりにつながると考えていたからである。

　そのような学級通信づくりだが、ぼくは、けっして前年度のを読み返したりはしなかった。教室で出会う子どもたちは、一人ひとり違うし、毎年違ったドラマが生まれるからだ。「以前にこう書いたから、今回もそれでいこう」では、進歩はない。むしろ、ぼくは、学級通信づくりに毎年一つ新しいアイデアを盛り込んで、マンネリ化するのを避けてきた。

　しかし、いちばん大切なことは、学級づくりとは、けっして学級通信という紙のなかにあるのではなく、あくまでも、教室の子どもたちとの生身の関わりのなかにあるということである。

同僚の先生からのアドバイスを受けて

　「よいクラスにしなくては」という思いから、ルールを守ることばかりにこだわっていた私に、副担任の先生のおっしゃった言葉が胸に残っています。「M先生の作る服はパターン通りで、子どもたちは着ていて苦しいんちゃうかな。もっとゆとりをもって作ってみたらどう？」

　それから、子どもたちの行動や言葉の裏にある背景を考えるようになりました。結局は「いいクラス」をつくろうとしていたのではなく、「いいクラスをつくった担任」と思われたかっただけだったのだと、気付きました。それから、自分の力量にも気付き、いろいろな研修に参加し、周囲の先生の助けもあり、一人ひとりの子どもたちと向きあおうと思えました。いまも、「いいクラスって何だろう？」というこ

> とはわかりませんが、これからもがんばりたいです。　　（経年1年）

> 教師になって3年目にもった6年生と子どもたちとの関係づくりがうまくいかなかったとき、同僚の先生から「子どもとの間に限界をつくってはいけない」というアドバイスをもらいました。この言葉をつねに考えて子どもと接していると担任力がアップしたと感じました。
> （経年8年）

　最近、「チーム学校」といわれることが多くなった。たしかに、学校現場にあるさまざまな課題を克服するにも、新しい課題に挑戦するにも、教職員が力を合わすことは必要だし、「チーム学校」を否定する気持ちはサラサラない。

　しかし、教育という仕事は、いかに「チーム」がいわれ、過去の経験が集約されて参考にしやすくなったとしても、どこか、一人ひとりの教師の「職人芸」的なものは残る、というのがぼくの持論である。

　だからこそ、若い先生がたには、「師匠」をもつことを勧めたい。子どもの見方、子どもとの接し方、授業のつくり方、何をもとに学級づくりを進めているか、等々。その「技」をぬすみとる「師匠」である。教師でなくてもいい、何か「一流」になった人物からは得るものが多い。いや、人でなくても書物でもいい。自分が何かにぶちあたったときに「座右の〇〇」をもっていることは、大きな力になり得る。

保護者に教えられた

> 昨年度、中3の担任をしました。卒業式から数日たったころ、2年連続で担任をもった子のお母さんが「卒業式のときにごあいさつできなかったので」と来校され、「うちの子は先生にもってもらって変わりました。自分は自分でいいんやって思えるようになったと思います」

とおっしゃいました。2年間で、その子の自尊感情を育てることができきたのかなと思いました。　　　　　　　　　　　　　　（経年5年）

　個々の子どものありようの背景には、かならず親の生活がある。「保護者・地域との協働づくり」は、「子どもとの人間関係づくり」「子どもをつなぐ仲間づくり」と合わせて、学級づくりの3要素である。
　「協働づくり」のためには、まず、親の生活をしっかり知らなくてはならない。とりわけ、課題を背負う子は、親自身がしんどい生活を余儀なくされている場合も多く、その親に寄りそうことなく、子どもとの関係をつくりだすことはできない。「困った親（と教師が感じている）」は「困っている親」なのだということを肝に銘じておくべきである。
　そのうえで、子どもとの関わりにおいて、親との協力関係を築くことが、重要になってくる。親を向こうに回したまま、子どもとの関係がよくなることはあまりないと考えておいたほうがよい。
　その過程で親から学ぶことは多い。離島での生活をしみじみ語ってくれたやんちゃな子の親、貧困と夫のDVに苦しみながら子どものことではいつも協力してくれたやんちゃな女の子の親、クラスで親の新聞を出したり弁当づくり会などおもしろいアイデアで学級PTAを盛り上げてくれた親グループ。ある子とうまくいかなったぼくに、「先生、子どもと同じレベルになったらダメ」と厳しい意見を聞かせてくれた親もいた。子育てを放棄した夫を嘆きつつアルバイトや内職で家計を支えたがんばり屋の障がいをもつ子の親、等々。38年間の教師生活のなかで、ぼく自身、その生活ぶりや言葉から学ばせてもらった保護者は多い。

起こった問題に立ち向かうなかで

　さまざまな生活背景をもち一人ひとり個性が異なる子どもたちが同じ教

室で暮らす学級で、一年間の学級づくりの課程で問題が起こらないということはまず考えられない。

「自分のクラスでは問題が起こらなかった」と思っている教師には、起こっている問題が視えていなかっただけだといってもけっして過言ではない。

そして、この起こった問題に立ち向かうことは、教師がそれまで気づかなかったことを気づかせてくれたり、子どもをみる視点を変えてくれたり、問題を解きほぐし解決への道筋を考える能力をつけてくれたり等々、担任としての力量を高めてくれるのである。

教室で問題が起こるということは、学級内に、その問題が起こるに至った弱点があるということの表れでもある。いじめ、ケンカ、暴力、盗み、あるいは、授業妨害や抜け出しなど、"事件"はかならず学級の弱点を衝いて起こる。だからこそ、その克服や解決をめざすことが、それまでの学級の弱点を乗り越えることにつながる。というか、そのことをめざさなくてはならないのである。「問題を解決する」とは、けっして問題が起こる以前の状態に戻すことではなく、問題解決を通して、学級の質をワンランク・アップさせることなのである。だからこそ、「問題が起こったときが学級づくりのチャンス」なのだ。

学級づくりに長けた教師とは、「問題を起こさせない」教師ではなく、「起こった問題を学級づくりにつなげる」ことが上手な教師なのである。

いじめが起こった

> 少し避けられていた子が、本格的に嫌がらせを受けたときに、終わりの会でクラスとして深い話しあいができたとき。　　　（経年5年）

> いじめられている、いじわるされている子がいて、その子についてみんなが嫌だと考えているであろうことを、すべてよい面として言い

換えて話をした。そのことで、その子自身に悪いところは一切なく、悪いのは周りの自分たちだと気づかせることができた。年度末、その子が転校することになり、そのことを伝えたときにはみんなが泣きだすほど、クラスのみんながつながりあえていた。
(経年6年)

2年前に、支援学級に在籍している児童へのいじめが発覚した。そのとき、クラス全員の保護者との面談やクラスの児童との話しあいをたくさんもち、あらためて全員の児童と向きあう時間となった。自分の未熟さを知るとともに、あらためて学びなおす機会となった。
(経年5年)

いじめられていた経験をもつ子が、担任に打ち明けてくれ、クラスのみんなに過去のことを話したいといって、その子の思いをクラスで共有できた。
(経年6年)

クラスのなかで、ちょっかいのかけあいからいじめが起きたとき、担任としてクラスにアンテナを張れていなかったこと、一人ひとりの様子を見て、その子の立場に立てていなかったことなどを痛感したことがありました。
この出来事をきっかけに担任として集団づくりの大切さをあらためて考えるようになりました。
(経年3年)

　森田洋司さんと清永賢二さんによる著作『新訂版　いじめ』[*30]の副題に「教室の病」とある。すなわち、いじめが起こったということは、教室のなかに、いじめにつながる「病」があるということなのだ。
　いじめは、子どもたちが自分たちの集団のなかの「異端」を無視したり、排除しようとして攻撃する行為である。だとするなら、いじめが起こるということは、学級が個々の個性や違いを認めあう集団になりえていないと

いうことの証でもある。障がいのある子、外国にルーツのある子、ほかの子に比べて言動がゆっくり気味の子、服装や見かけがやや異なる子、ときにはリーダー性があり「目立つ子」など、子どもたちは、「異端」をみつけだし、いじめの対象にする。

　また、「スクールカースト」という言葉が表しているように、学級内の子どもグループにヒエラルキーが存在しているような場合も、上位グループによる下位グループへのいじめが起こることがある。いじめが起こったクラスの子どもたちの関係はけっしてフラットではなかったということだ。

　また、いじめが子どもたちのストレスのはけぐちになっているという面もある。「学力向上」ばかりが声高に叫ばれテストづけになっている状況は、本来の「学び」からは遠く、多くの子どもが「勉強ストレス」をかかえている。さらに、同調圧力が強い教室では、「つねに周りにあわさなくてはならない」という友だちとの関係もまたストレスとなる。その結果、子どもたちは、こうしたストレスのはけぐちとしていじめに走ることになる。

　だからこそ、子どもたちをいじめから解き放つためには、さまざまな違いのある子どもたちがお互いの違いを認めあい尊重しあえる学級づくりと子どもたちのストレスを和らげる取り組みが求められるのである。

　さらに、森田さんたちの研究によれば、教室内のいじめに対して、観衆であった子どもたちが、いじめを肯定していた理由の第１位は「おもしろいから」であった。[*31] いいかえたら、教室内に「おもしろいこと」や「楽しいこと」がないか少ないことが、いじめの観客や傍観者を生みだしているともいえるのである。学級づくりおける楽しい活動やイベントづくりの重要性がここにもある。

　もちろん、いじめが起こったら、担任は、かならず被害者の立場に立ちきり、問題の解決にあたらなければならない。「被害者にも非があるのではないか」。そうした対応で傷つくのは被害者である子どもであり、二次被害である。したがって、教師が絶対にしてはならない対応であり、教師

には「どんな理由があれ、いじめは絶対に許されない」という厳とした姿勢が必要である。それは、被害にあった子どもだけでなく、加害の子にも寄りそいその自己変革を求めることであり、クラス全体のありようを問い直すことであり、クラスの再構築ということを意味する。

すなわち、いじめの起こりにくいクラスをめざすこと、起こったいじめを被害者の立場に立ちきって解決をめざすことは、確実に担任としての力量を高めてくれるのである。

イベントの取り組みで

> １年目の文化祭の合唱で、クラスがもめたときに初めて本気でクラスを叱ったこと。そのあとクラスが一つにまとまり、結果１位をとれたから。でも、「怒るとこわい」といまでも言われるようになりましたが……。
> （経年３年）

> １年の終盤の大きな行事である合唱コンクール。みんなで「優勝しよう」と一生懸命に練習を重ねてきた。
> 練習のしんどさ、上手に歌おうとがんばるけれど、なかなかうまく歌えない葛藤、みんな一人ひとりの思いがあった。
> そんななかで、本番前の練習のとき、お互いの思いがぶつかり、男子、女子でコソコソ不満を出しはじめた。自分の思いをしっかり相手に伝えるようになるという目標でいつもがんばってきたクラスだが、それができていない雰囲気が出てきた。
> 「こんな状態でみんながいてるなら、もううちのクラスは出るのをやめよう」と大きな山をつくってしまった。しかし、本番当日、みんなでがんばりたいという思いが伝わった。私にも伝えようとしていることも感じた。優勝はできなかったけれど、全員が一生懸命歌い切ることができた。
> （経年１年）

運動会・体育祭、文化祭といった、長期にわたって準備が必要なイベントでは、取り組みの過程で意見の対立、取り組みの停滞といった問題が起こりやすい。

　ひとつには、取り組みの「非日常性」が、子どもたちの日常の「スクールフェイス」をはぎ取り、ありのままの自分を表出させてしまうからである。また、ときには１カ月にも及ぶ準備期間は、当然肉体的、精神的疲労をもたらし、ストレスがたまった子どもたちは、ちょっとしたことでイライラを爆発させることになる。

　したがって、まず、イベントなどの取り組みでは、子どもたちのもめ事が起こるものだという認識をもつことが大切である。そのうえで、子どもたちの不満の原因がどこにあるかをつかみ、子どもたち自身の発言を引き出しながら事に対処し、子どもたちの意思統一を再構築することになる。

　さらには、対立として表出しないまでも、なんとなく一体感が壊れているときもある。取り組みが停滞してしまっているときもある。そのようなときは、教師の側から問題提起をすることも必要だ。子どもたちの気持ちを本番にむけてまとめ高めていくことも重要な担任の仕事である。

　40代になったころに勤めていた学校の文化祭で、２年生のコーラスであるクラスが「最優秀賞」をとった。このクラスは前日の練習中に問題が発生し、担任が時間をかけて子どもたちに話をさせて当日に臨んでいた。そして、幕が開き発表が始まると、どの子の顔にも「みんなでがんばる」という真剣な表情が見てとれ、審査員の高い評価を受けたのだった。

　しかし、文化祭後に、録音テープを聴いてみると、そのクラスの歌声がほかのクラスに比べて格別に上手だとは思えなかった。でも、実際に歌っている姿では、多くの審査員がそのクラスを「最優秀賞」にしたのだった。このことは、準備期間中に起こった問題を乗り越え、気持ちの一致をつくりだすことの大切さをぼくに教えてくれた。

つらい出来事を乗り越えて

> クラスの生徒の死というつらいできごとで、クラスの生徒たちはあらゆる面で落ち込んだ。しかし、それを乗り越えて文化祭を成功させ、全員が晴れやかな顔で卒業していったとき、担任としてやりとげた気がした。
> (経年 33 年)

ぼくには経験はないが、クラスの子どもが亡くなるということは、担任にとって、またクラスの子どもたちにとってどれほどつらいことだろう。

比較にはならないとは思うけど、学級では、つらいことがたくさん起こる。スポーツ大会などで負けた。文化祭などのイベントでうまくいかなかった。いじめやケンカなどが起こり、クラスの雰囲気が悪くなった等々。そのようなとき、担任として、子どもたちにどのような話をするかということがとても大切である。

これは、うまくいったことを褒めるより数段むずかしく、負の場面でどんな話をするかは、教師の人生観が問われることだといえる。

問題をクラスで話しあえた

> 1年目のときに、クラスが授業を落ち着いて受けられないということがあって、終礼で「このままでほんとうにいいと思っているのか」「思っていることを正直に話しあおうや」と生徒たちに提起し、生徒から「このままじゃあかん」「メリハリつけるべき」などの意見が出て、その後クラスが落ち着いたこと。
> (経年 2 年)

ぼくは、つねに子どもたちに「問題があるクラスが悪いクラスなのではない。でも、問題をそのままにしているクラスは悪いクラスだ」と言ってきた。したがって、クラスで問題が起こったときは、できるかぎり、その

事実を子どもたちの前に明らかにして、「何が問題だったのか」「クラスとしてこれからどうしていけばいいのか」などを話しあうようにしてきた。

　クラスは子どもとともにつくるものである。その意味では、何でも教師が解決するのではなく、子どもに訴えともに考え解決への道を探り出すことが、また、ときには、子ども自身に委ねることが、「ともにつくる」ということにつながるのだと思う。

　50代の半ば、2年生を担任していたときのことである。下校時間が近づき、「最終点検に」と教室をのぞくと、女子生徒全員が車座になって、なにやら真剣な顔つきで話しあっていた。「何事か」と思って、学級代表を廊下へ呼び出して事情を聴くと、「創作ダンスの練習でもめ事があったので話しあっている」とのこと。ぼくが「話しあいに入ろうか？　それとも自分たちで解決する？」と聞くと、学級代表は「自分たちで解決します」と言う。で、ぼくは、「じゃあ君たちに任すわ。どうしてもダメだったら呼びにおいで」と言いわたして職員室に戻った。結局は自分たちで解決したらしく、呼びに来ることはなかった。翌日、学級代表に聞くと「解決できた」という。結局ぼくは、「何が起こったのか」も問いたださなかったが、体育の教師には「練習をめぐって、もめ事があった」ということだけを伝えておいた。

　ぼくは、学級づくりのなかでは、ときにはこんなことがあってもいいと思っている。

子どもとぶつかった

> 子どもとぶつかったときに、それまでは「子どもが悪い」と考えがちだったが、子どものせいにするのではなく、自分の考え方や実践を見直し、変えられるようになった。
> 　　　　　　　　　　　　　　　　　　　　　　　　　（経年10年）

子ども同士のもめごとにうまく介入できた

　高学年の女子の友だち同士のもめごとに関わり、時間はかかったが、最終的にそれぞれの子が言いたいことを言いあい、友だちとの付きあい方を見直してくれた。そのとき、一人ひとりの話をよく聴くことができてよかった。
(経年 5 年)

学級崩壊を経験して

　高学年を初めて担任したときに学級崩壊したことが、担任としての自分が変わるターニングポイントになった。いまでは、クラスのなかで「たいへんな子」だと感じる子ほど、私に「大切なこと」を教えてくれていると思えるようになった。
(経年 26 年)

年度途中から担任になった

　ある年の 12 月、1 カ月少しだけ 6 年生の担任を受けもった。それまでは担外で算数や音楽、家庭科を受けもっていたが、その 6 年生とはいっさい関わっていなかった。学級にとけこもうと考えて教室に行ったものの受け入れてもらえず、日々苦戦が続いた。学習規律も壊れ、うるさい授業。それでもめげずに、毎日子どもと話しあい、子どもの心がわかっていくにつれて寄り添うことができ、2 学期末には落ち着いたクラスになることができた。3 月には、やんちゃな子から「いやなことたくさん言ってごめんなさい」という手紙。うれしかったなー。
(経年 8 年)

　「子どもとぶつかる」「学級崩壊を経験する」。いずれも、教師にとっては力量が問われる大きな出来事だ。また、年度の途中で前任者と交代して

学級担任になることも苦労が多い。しかし、簡単ではなく苦労も多いこうした出来事を、ここに挙げた4人の方は、自らの力量アップにつなげたのである。
　実践上、子どもとぶつかることはかならずある。そのときに、「悪いのは子どもだ」と子どものせいにしたり、「ワケがわからない」と事実を正視することを避けたりしていては、教師に進歩はない。そこにはかならず教師側の問題点が存在する。したがって、子どもとぶつかったという事実から、自らの至らなさをみつめ次の課題をみつけだし力量アップへとつなげることで、「子どもとぶつかった」ということがプラスに転じるのである。
　「学級崩壊」といわれる現象の多くは、担任が、課題を背負う子との関係をうまく構築できないところから始まる。やがて、そうした子どもが、担任の指示に従わず授業に集中しなくなる。担任がその子への対応に右往左往していると、ほかの子どもたちも「自分たちは放っておかれている」と感じはじめ担任を無視するようになり学級の秩序が壊れてしまうのである。だからこそ、学級づくりは、課題を背負う子を中心にしながら一人ひとりの子どもに寄りそうことが求められるのであり、もしも「学級崩壊」を体験したとしたら、そこから引き出される実践課題はきわめて重要である。

どんなときに担任力がアップしたと感じたか

　研修や講演の場で、協力してもらった多くの先生がたの回答から100人を選ばしてもらって、ぼくの解説をつけてみた。
　百人百様の、さまざまな子ども、保護者、同僚との出会い、教室などで起こった問題への対応、行事への取り組みなどを通して、教師自身が自分の力量が高まったと感じていた。
　よくいじめが起こったときに、マスコミなどで「なぜ、これほどのいじめに教師が気がつかなかったのか」と批判されることがあるが、人は自分に都合の悪いことは視えないものだといわれている。いじめにあうかもし

れない子どもへのシンパシーがない教師には、本当に起こっているいじめが視えてなかったかもしれない。
　その意味では、本章でとりあげた先生がたは、「出会い」を、自らの力量アップにつなげる内なる思いがあったがゆえに、「出会い」を単なる出会いがしらのすれ違いに終わらせず、生かすことができたのだと思う。じつは、この「思い」こそが、担任力をアップすることができた最大の要因なのである。
　だからこそ、ぼくは、若い先生がたに、さまざまな課題を背負う子へのシンパシーをもってほしいと強く思っているし、「困った子」は「困っている子」ととらえ、その「困っている子」に寄りそい、「困っている」内実に共感できる教師であってほしいと思っているのである。

これも担任力❸
保護者とつながるためのチョットした工夫

　ぼく自身も新任のころは、保護者との対応は苦手だった。なにしろ自分の親とたいして年齢が変わらない人もいる。で、恥ずかしながら必要最低限以外はできるだけ関わらなくて済むようにとも考えていた。
　しかし、1、2年も経つと、すぐさまこうした考え方が間違いであることに気づかされた。たとえば、荒れている子のほとんどは家庭的に厳しい条件をかかえていた。担任として深く関わろうとすれば、保護者との人間関係をつくり、協力してもらうことが不可欠だった。また障がいのある子の担任となれば、頻繁に家庭訪問し、保護者の願いを知り、それを受けとめて取り組みをすすめることが、これまた不可欠だった。
　何も重たい課題を背負う子だけではない。やがてぼくは、すべての子どもの背景に保護者の存在がある以上、保護者とつながる努力をせずして、教室における個々の子どもとの関わりをつくりだすことはむずかしいと考えるようになった。
　そこから、ぼくは保護者とつながるさまざまな工夫をしたが、以下、そのいくつかを紹介していきたい。
　まず、何よりも教室を開かれたものにするということである。保護者からみて、閉じられている感の強い担任の姿勢では、保護者とつながりようがない。保護者が気安く担任を訪ねて来られることが大切なのだ。また、子どものことについて、手を携えていきましょうという姿勢を明らかにするということも必要である。それでこそ、保護者は安心して担任に相談できるのだ。

ぼくは、こうした担任としての姿勢を学級通信などで保護者に示すようにしてきた。そのうえで、ホット・メールのアドレスを取得し、それを公開して、学校に来る時間がなければ、メールでの相談も受けつけることにしていた。また、中学校の教師なので、授業がない時間帯があったが、その時間帯を保護者に示し、「相談タイム」と銘打って、学校に来てもらいやすいようにもしていた。結果は、そんなにたくさんメールが来たわけでもないし、多くの保護者が課業時間帯に担任を訪ねてきたわけでもない。ただ、大切なことは、門を開き、「いつでもどうぞ」という姿勢を示すことであり、それだけで保護者は「話を聴いてもらえる」と好意的に受け取ってくれるのだ。

　次に、学級におけるPTA活動を活発にするということである。おおむねどこの学校でも、年に2、3回は学級懇談会がある。そこにたくさんの保護者の参加を要請し、忌憚のない意見を出してもらい、担任も丁寧に答える。これだけで、いわゆる「モンスター・ペアレンツ」なるものはぐっと減るはずである。そのためにぼくは、学級懇談会のたびに、学級通信を使ってあらかじめ懇談の「テーマ」を通知し保護者に参加を呼びかけた。懇談後は、話しあった内容を参加者の感想とともに学級通信に載せ、欠席した保護者に「次は行ってみようかな」と思ってもらえるような工夫をしていた。

　さらに、学級通信に保護者が登場するコーナーを作っていた。「お弁当づくりの工夫」「子どもの名前に込めた思い」「私の中学校時代」などのコーナーを作り、投稿を呼びかけたり、全員に書いてもらって順次掲載するなどした。また、体育祭、文化祭の際には、見に来られた保護者の感想を書いてもらって学級通信に載せるようにもしていた。学級通信は、子どもをつなげる働きがあるだけでなく、保護者とつながったり保護者同士をつなげたりする働きもあると考えていたからだ。

　中学生ともなれば、学校からの配布物を保護者に渡さない子もいる。

学級通信も例外ではない。そこで、ぼくは、学級通信をホームページにアップし、保護者が家庭でパソコンを使って学級通信を読めるようにしていた。しかも、そこに毎号編集後記のような一文を載せ、そのときどきの担任の心境を記していた。子どもたちが学校からの配布物を保護者に見せるであろう新学期早々に、学級通信のホームページ化を保護者に伝えておいたので、けっこうたくさんの保護者が見ていてくれたようであった。

　そして、ぼくは家庭訪問を大切にしていた。会って顔を見て話してもお互いの真意が伝わるとは限らない。ましてや、顔の見えない電話ではなおさらのことである。そこでぼくは、電話で話をするよりも家庭訪問を厭わないようにしていた。ただ昨今、家に教師が来ることを保護者が望まない場合も多いという。まあ、考えてみれば、教師が子どもの家を訪ねるのは、多くの場合、子どもが問題行動を起こしたときである。世間もそう思っているので、教師に訪ねて来られては隣人から「何かあったのか」と思われはしないかと、予防線を張るからであろう。そのことは理解できないこともない。しかし、だからといって家庭訪問を控えるわけにはいかない。家庭訪問は学級づくりにとってきわめて重要なのだ。このことに対処するには、日ごろから「褒めたい」「いい報告をしたい」と思ったときにも家庭訪問をしておくことである。「先生が家に来るのは子どもが問題を起こしたときだけだ」という保護者の意識を払拭しておくことがポイントである。

　このように、工夫しだいでいくつでも保護者とつながる術はある。大切なことは、「保護者とつながる」ことの大切さを自覚し、教師の側から働きかけるということである。

第3章

みんな悩んで教師になった
若い教師との往復メール集

大学を出て、教員採用テストに合格し、4月に晴れて教師になる。ただし、これで「教師」になれたわけではない。たとえ子どもや保護者から、「先生」と呼ばれたとしても、これは単なるスタートにすぎない。

　そして、教師という仕事に「これで完璧」ということもない。目の前にいる子どもやときには保護者とも格闘し、また逆に教えられながら、悩み、学び、一歩一歩、教師としての力をつけていくのだ。その営みは、教師という仕事を終える日まで、途切れることがあってはならない。

　2017年、ぼくは、メールでのやりとりを通して、二人の若い教師の学級づくりに関わることができた。一人は中学校のアイコ先生、もう一人は小学校のタカオ先生。隔月で、二人に月一、二度、学級の様子や悩み、相談事などを送ってもらい、ぼくが返事メールを送る。お二人のクラスには、それぞれ一度だけだが顔を出し、子どもたちの様子や子どもたちとの関係もみせてもらった。

　以下、この往復メール集を読んでもらって、「これって、自分のクラスにもあるある」「そうかぁそうだったんだぁ」など、みなさんの学級づくりのお役に立てたら幸いである。

▶タカオ先生から磯野雅治へ ………… 2017年4月14日

　磯野さん、こんばんは。遅くなり申し訳ございません。なんとかパソコンの復旧ができました。これから一年間よろしくお願いします。

　まず、ぼくの学級づくりのめあてについてです。

　今年度の学級目標は、昨年度に続き「おにぎり学級」にしています。一人ひとりがお米としてお互い結びついていけるような学級にしたいと思います。また、ぎゅっと握られ、お米一粒一粒のよさがわからないおにぎりではなく、お米一粒一粒が立っている個性の生かされた学級になればと思っています。

　そして、学級には「信頼」「個性」「自信」の三本を立てています。

「信頼」……教師と子ども、子どもと子どもがつながり、お互い助けあいや学び合いができる関係を築いていきたいと思っています。そのために、学級での活動に、児童一人ひとりとの振り返りを行う「振り返りジャーナル」をとりいれ、一人ひとりとの対話を大切にしたいと思っています。

「個性」……一人ひとりに光があたりみんなが主役になれるような、自分のよさを存分にのばし、生かしていけるような学級にしたいと思っています。そのために、チームでとりくむディベート、教えあい活動、行事などを生かしていきたいと思います。

「自信」……一つひとつの活動のなかに振り返りを設けたり、「振り返りジャーナル」のなかで、児童のとりくんだことを認め、励まし、自信へとつなげていきたいと思います。

　5年生からの初めてのもち上がりということもあり、うれしい反面、不安もあります。もっていた児童と隣の学級で過ごしていた児童とをどうつなげるか、そんなつもりがなくても子どもに不安を与えていたらどうしよう、など考えています。

　そのなかでうれしかったことは、この1週間の間にどのような学級にしたいか子どもにたずね、「振り返りジャーナル」に考えたことを書く活動をしたときのことです。付属ファイルに子どもたちの意見のまとめがありますので見ていただけたらと思います。付属ファイルは、子どもの意見を集めたものです。

　この活動から子どもの6年生になったことに対する意気込みを強く感じました。担任として、この思いをどう伸ばし、この先につなげていくかが大切だと感じています。そのほかにも、学級の二人の子どもが、放課後に自主的に机を並べて帰ったことや、授業のなかでの教えあいで、すべての児童に教えにいく姿などが見られてうれしかったです。

　学級では、とくに課題のある児童となるとむずかしいところがあります。そのため、全体に目をむけ、子どもの成長につながるその瞬間を拾ってい

きたいと思っているしだいです。

　この1週間で、学級でのうれしかったことは、児童の意気込みに強い思いを感じられたことと、それをどう未来へつなげていこうかとわくわくしているところです。

　不安なことや悩みとしては、児童の成長に合わせどのような活動が子どもたちにあい、子どもたちの成長につながるのかのアイディアが乏しいことです。何かいい活動や取り組み、課題の作り方などあれば教えていただけたら幸いです。

　今回は初めてなことや目標を書かせていただいたので長くなってしまいました。今後の書き方や伝え方などで改善点ありましたらよろしくお願いします。

　次回からはもう少し短くなるかと思いますが……よろしくお願いします。

　と、ここまで書いていたのですが、木、金で気になる児童が出てきました。

　その児童をKさんとします。Kさん（男子児童）は、家庭的にもしんどい児童です。Kさんは、家にいる時間がほとんど一人ぼっちという子で、家庭で母と話すこともほとんどないようです。この児童は、自分の性格に裏と表があると感じています。そのため、周りの友だちもみんなが裏のある人間だとつねに疑っているようです。自尊心もかなり低いようで、この児童への声かけ、支えてあげるための取り組み、児童同士関わるうえでの考え方など、どのようにして中学校へと送ってあげればいいのか、考えています。

　初めてで気合が入りすぎてしまいました。ここから二週間に一度よろしくお願いします。

▶磯野雅治からタカオ先生へ ……… 2017年4月15日

　タカオ先生、なかなかいいスタートが切れたようですね。

　送ってもらった子どもたちの「こんなクラスにしたい」に、担任としてタカオ先生が立て、子どもたちに提示した「おにぎり学級」という「めあて」が子どもたちのなかに浸透していることがみてとれます。

　たとえば「助けあいたい」「みんなで協力」「みんなが笑顔になれる」「一人のこらず輪になって笑顔で卒業したい」「ほかの目をきにせず、個性をもったクラス」「31人のざっ草がいつも笑っていられる」「人の意見を聞く、でも自分の意見も言えるクラス」「みんなで助けたり、助けてもらったりする」「思いやりのあるクラス」「みんなで仲良く笑顔で卒業したい」「一人ではできず6－1がいるからできる」「だれか一人が欠けたらダメ」などなど。子どもたちが「こんなクラスになりたい」と思っていることがよく表れています。

　子どもたちにとってクラスとは「なる」ものです。この目標がつねに子どもたちにとって「なる」べき方向を示したものとして「見える化」を考えてみましょう。集大成として、一つの「学級目標」にまとめ、教室のどこかに掲示するもよし、一人ひとりの「こんなクラスにしたい」をポスターにして張り出すのもいいかもしれません。とにかく、いつも子どもたちの心のなかにあるということが大切なのです。

　そして、行事などの際に「学級目標」に照らしたその行事の目標をつくります。また、学級で問題が起こったときも、「学級目標」に照らして解決の道を考えます。こうすることで、「学級目標」が実際の学級づくりの指針となり、来年3月のゴールへとつながるのです。

　おにぎりを握るのはタカオ先生です。「ぎゅっと握られ、お米一粒一粒のよさがわからないおにぎりではなく、お米一粒一粒が立っている個性の生かされた学級になればと思っています」と書かれています。文字通り「握

り加減」が大切なわけで、1年間「これでいいのか」と考えつづけることが学級づくりなのだと思います。ときにクラスがバラバラになりかけたらギュッと強く握る必要がでるかもしれません。こぼれかけた米粒はクラスというおにぎりのなかに戻してやらなければなりません。1年間、一緒に「握り加減」を考えていきましょう。

 「振り返りジャーナル」はいい取り組みだと思います。1年間続けて、子どもたちが自分をみつめ、次にはそれをクラスに開示でき、お互いの「思い」を聴きあい、それを支えられる集団になれれば、タカオ先生が求め、子どもたちが望むクラスに「なる」ことができると思います。

 4月の学級づくりで大切なことは、前年度のカラーを一度消して、新しい出発点をつくるということです。前年度もタカオ先生が担任していた子どもと他クラスだった子どもの間にある何かしらの「溝」を埋め、全員を新たなタカオ学級の一員としてスタートを切ることが大切です。まず、ゲームなど一緒に遊んで「6年1組」としての一体感をつくることが求められます。

 最後にKさんのことです。学級づくり、授業づくりで大切なことは、「しんどい課題のある子にこだわって」ということです。以前にもいいましたが、彼・彼女らの様子にクラスの"今"が映し出されているからです。
 まず、来年3月にKさんがどうなっていることをめざすのか、またKさんを支えるクラスとはどんなクラスなのかということを自分のなかに立てておきます。おにぎりからこぼれないKさんをどうつくるか、Kさんをこぼさないようほかの米粒をどう握るかということが、本当の意味での「おにぎり学級」の内実だと思います。
 少なくとも、まずKさんが「先生は自分のことを気にかけくれている」と思えるということが必要です。

「課題を背負う子」ほど、教師を「敵か味方か」という目でみるものです。したがって、当面の接し方としては、優しい目でアイコンタクトを取ることを心がけてください。できるだけ言葉かけをすることも大切です。おそらく周囲の人間、とりわけ大人に対する不信感をもっていそうなKさんの心を溶かすことがスタートラインだと思います。

▶タカオ先生から磯野雅治へ………… 2017年4月28日

　こんばんは。この前は丁寧なお返事ありがとうございました。家庭訪問などでバタバタしており返事が今日になってしまい申し訳ありません。

　さて、この2週間で学級目標づくりをする機会がありました。前回の「こんなクラスにしたい」をもとに、学級会を開きました。
　学級目標を決めるにあたって、今回は「6-1」を中心にしたクモの巣マップを作り、その活動をもとに学級目標のなかで大切にしたい言葉を集めました。その結果、できた学級目標が「みんなで協力　信頼しあい　笑顔あふれる個性豊かな　伝説　最強　おにぎりクラス」というとてつもなく長いものになりました。あまりにも長いので、大丈夫か聞いたところ、子どもたちは、「1年間少しずつしていこう。そしたらできる」と言っていました。子どもたちに自分の予想を超えられた瞬間だなと思い、うれしく思いました。

　前回磯野先生からいただいた返事のなかで「溝」の話があり、そのことをこの4月に少しずつ感じていました。おそらく、ぼくの言葉のなかにも、5年生のときに担任した児童とそうでない児童で受け取り方が少し違うような内容もあったのだと思います。そこで、子どもたちともう一度、このクラスを一からつくっていきたいと伝えました。子どもたちのなかから「提案ボード」を作り、このクラスオリジナルの取り組みをしてみるのはどう？

と提案を受け、早速やりはじめました。まだそこまで何かを始められてはいませんが、あらためてみんなでつくる6-1を伝えながらみんなで考えていけたらと思っています。

　Kさんは、前回のメールの後にも、学級で話のかみあわない子に「やっぱりお前には裏の顔があるんやな」「(けんかして)謝るときに、メールの返信をちょうど1時間後に送ってくるなんておれのことなめてんの？　わるいと思うならすぐに返すやろ？　うそのごめんはいらんから。そんなんにだまされへんから」など、なかなか厳しい内容の文をSNSでおくるなどの問題が出てきました。学校では、気がよくてよく笑顔で過ごしているKさんですが、家に帰り、一人になり、そういう弱い自分に勝てなくなるようです。本人を呼び二人で話す時間を設けました。すると、始めは、「おれは悪いことはしていない」と意地を張っていましたが、だんだん涙を流しながら、本音を語ってくれました。「一人になると、自分の裏の顔に勝てず、思ったことをすべて言うてしまう」「悪いと思っていても、謝ったとしても自分はまた負けてしまうのではないかと怖い。それなら一人のままでいい」「いろいろ悩むことがあってしんどい」などです。涙ながらに話してくれるその姿を見ていると、6年生でたくさんのことをかかえながら、自分の心の葛藤と戦っているのだなと思いました。Kさんには「話してくれてありがとう」「やりすぎたな。やってしまったな。と思ったときには一緒に話して考えていこう。Kさんは一人でいいと思っていても、けんかした相手は仲直りしてもとに戻りたいと言ってたよ。大丈夫、一緒に考えていこう」と磯野先生からいただいた助言を思い出しながら、Kさんとの会話をしました。本音を話してくれたこと、一緒に考えていこうと言ったときにうなずきながら返事してくれた姿から少しはぼくの気持ちも伝わったのかなと思いました。

　学校生活のいろいろな場面に着目して、ふだん子どもに伝えていること

を深めていくために、つねにカメラを持ち歩き記録しはじめました。子ども同士の関わりや、学級で大切にしたいことの瞬間を写真に収め、コメントと一緒に教室掲示をしています。こういう活動からも、教室での大切にしていくことを深めていきたいと思います。

▶磯野雅治からタカオ先生へ………… 2017年5月4日

　遅れましたが、4月28日の報告の返信を送ります。
　なお、5月20日の授業参観に行かせてもらいます。2時間とも見させてもらうつもりなので、10時には学校に行きます。
　子どもたちの顔が見られるのが楽しみです。
　タカオ先生、子どもたちのつくった学級目標がいいですね。何よりも、つくる過程がよかったと思います。何事もそうですが、ぼくは子どもたちに「いい準備からいい結果が生まれる」と言ってきました。今回の学級目標づくりでは、まず一人ひとりがワークシートに「自分の考える学級目標」を書き入れたり、クラスの一言イメージで「クモの巣マップ」を作ったりして、それを練り合わせて一つの学級目標にすることによって、どの子にも「自分たちで考えた」という意識が生まれたと思います。「声の大きい子」「力の強い子」などの考えだけでクラス世論がつくられないようにするという観点からも、いい目標づくりだったと思います。
　これから大切なことは、この学級目標がいつも子どもたちの心のなかにあり、学級のさまざまな場面で子どもたちの行動の指針となることです。タカオ先生も述べているように、学級目標が「1年が終わったときに、『クラスがどうなっていたいのか』」を示すものだとしたら、それを具体化した中期や短期の目標（めあて）が必要です。メキシコ五輪（1968年）のマラソン銀メダリストの君原健二さんは、「あの電柱までがんばろう、またあの電柱までがんばろう」と42.195kmを走ったそうです。学級づくりにおいても、1学期、2学期ではどこまで到達するかといった中期の目標、運

動会や修学旅行では何を獲得するかといった短期の目標が必要なのです。
　子どもたちが考えた学級目標「みんなで協力　信頼しあい　笑顔あふれる個性豊かな　伝説　最強　おにぎりクラス」の一部分を使うもよし、それを補足する文言を付け加えるもよし、行事ごとに、その行事におけるクラスの獲得目標を考えさせながら、来年３月の学級目標達成をめざしてください。

　ぼくにも覚えがありますが、前年度担任していた子どもは、「担任の考え方」になじんでいます。担任としても一から説明する必要がないので、ついつい学級活動でも重要な部分をその子らにまかしてしまいがちになります。だからこそ、新しいクラスでは、意識的に前年度担任していない子に責任ある仕事を任せることも必要だと思います。

　課題を背負う子が自分のことを担任に語ってくれたとき、担任がまず言うべき言葉は「話してくれてありがとう」です。タカオ先生が、Ｋさんの話を聴いて、まずそう言ったことは、きっとＫさんの心に響いたと思いますよ。第一段階としてはいい滑り出しができたのではないでしょうか。ただ、課題を背負う子との関係づくりやクラスの子らとの仲間づくりには「やる気」に加えて「のん気」「根気」が必要です。すぐには思い通りにならなくても、「いつかきっとうまくいく」とのん気に構えること、でもあきらめずに関わりつづける根気が大切なのです。
　Ｋさんはおそらく、ついマイナスなことを言ってしまう自分にとまどっているはずです。そして、そういった言葉を投げつけられた子どもたちも「えッ何で」ととまどっていると思います。課題を背負う子とクラスの子どもたちの関係づくりには、お互いがとまどっている段階から次にＫさんが精神的に安定し、クラスの子どもたちもＫさんを静かに見守れるという段階に進むことが求められます。そうなるためには何よりも担任であるタカオ先生がＫさんを丸ごと受けとめること、Ｋさんが「担任は自分のこと

を受けとめていてくれる」と感じることが大切なのですが、タカオ先生がKさんの話を聴けたということは、すでにそこへむかって動きだしていると思います。

　教室の日々を写真で記録するっていいですね。それにコメントをつけて掲示するというのもとてもいいことだと思いました。ぜひ、コメントを続けてください。「写真」は「真実を写す」と書きます。クラスは生き物。この一年山あり谷ありだと思いますが、谷のとき、すなわち何かがうまくいかなかったときやもめ事がおこったときなどの子どもの表情も残しておいてください。それでこそ、クラスの成長の記録だと思います。最後に「写真による学級史」ができたらいいですね。

▶ **アイコ先生から磯野雅治へ** ………… 2017年5月14日

　遅くなりましたが、5月2週目の近況を送らせていただきます。
　講師経験も含め5年目になりましたが、1年生の担任は初めて。現任校は2年生からの飛び込みから始まり、昨年度3年生を卒業させましたが、1年生の習慣がそのまま3年生まで続き、さらにいったん緩んだ習慣が改善されることはむずかしいものだということを痛感したため、1年生を担任する、さらに生徒（生活）指導部という立場からあれもしなくてはいけない、これもやっておくべきだと、プレッシャーやら理想やらでいっぱいいっぱいの状態でスタートしました。
　小学校から期待と不安をもって入学してくる1年生。私も不安でいっぱいでしたが、入学式で子どもたちを目の前にすると、しっかりがんばろうという気持ちになりました。

　入学式の日、担任の決意表明で子どもたちに伝えたこと。それは、「ご(5)おんを大切にできるクラス」でした。私が考える「ごおん」とは「温」「ON」

「御」「音」「恩」の五つの「おん」のことで、それらを大切にして１年間過ごしてほしいということを伝えました。

「温」かい心をもち、「ON」OFFの切り替えができて、「御」＝丁寧に、そして相手を敬い、一人ひとりの「音」＝個性を大切にして、「恩」＝感謝の気持ちを忘れずにいてほしい。人と生きていくために、他人と集団生活を送るために私が必要だと信じている「ごおん」をみんなとも共有したいと話しました。うれしいことに、この「ごおん」は後々子どもたちが決定した学級目標にも入ることになりました。

４月後半から５月にかけて委員会の役員選出や班長選出などがありました。４月の最初でやる気いっぱい！ということもあってか、代議員には７名の立候補がありました。立候補者の演説から全員の投票、そして決意表明というかたちで、委員会・班長の選出も行いました。とにかく積極的な生徒が多く、落選した人をおちょくったりせず温かな拍手を送る、あたりまえのことでもなぜか感動しっぱなしでした。席替えを班長会議で決めることに彼らは初めてとりくみましたが、こちらが感心するくらい違う小学校の子に対してもよく見て、そして意見を出しあいながら班を作っていきました。驚いたのは、班長の誰もが自分の好きなように班を作ろうとしなかったことです。ちゃんと「課題のある子（困っている子）」が前向きにとりくめるように、テスト前にもかかわらず話しあった時間は３時間を超えました。

班長会議が行われ、今週から新しい班で生活が始まります。今週末には中間テストが控えており、子どもたちは初めてのテストに、多少不安を覚えています。うちのクラスはちょっと……かなり……ガチャガチャしていて、授業に集中できないことが多少あるようです。そのなかで気になるのがＨさん。あまりじっとできず、整理整頓も苦手、学力も低く、友だちとのトラブルで小学校でも先生が手を焼いていたであろう子です。私から見た彼は、とにかく甘えん坊で、かまってほしい。人からの評価を気にする

(嫌われたくない)。私からするととてもかわいい男の子です。そして、他市から引っ越してきたTさん。彼は深刻な家庭の事情をかかえて、この学校に入学してきました。なじもうと必死なんでしょう、みんなからの目線を引きつけようとして、ついつい大きな態度をとってしまいます(最近は少し落ち着いてきました。しかも委員会にも入り、班長にも選ばれました!)。ほかにも手がかかる子はたくさんいるのですが、とくにこの二人が、クラスの子(保護者からも)からよく名前が挙がります。それは彼らが、すぐに「きちがい」「うざい」「きもい」などの言葉を使ったり、人の見た目や名前であだ名をつけたりすることです。うちのクラスには支援学級に在籍している生徒が2名いて、支援学級びらきでも話はしましたし、そのほかにも学級通信を書いたこともあります。何度か全体に声をかけても、個人的に話して指導してもなかなかなくなりません。テストが終わったら、温かい言葉がけや感謝の気持ち、お互いを認めあえる取り組みをクラスでしようとは思います。このままでは、Hさん、Tさんの二人がクラスの子に見放されてしまう。その前になにか手立てがあったら教えていただきたいです。

▶磯野雅治からアイコ先生へ ……… 2017年5月16日

　アイコ先生、こんにちは。いい学級びらきができましたね。先生も少し緊張して、子どもたちも中学生として初めての日ということでまっすぐに先生の眼を見つめていたことでしょう。そのなかでアイコ先生の「ご(5)おんを大切にできるクラス」という語りかけは、まるで砂地に水がしみこむように子どもたちの心に届いたと思います。その情景が眼に浮かびます。
　「ご(5)おん」のそれぞれが、学級づくりには大切なことを的確に表していると思いました。子どもたちの個性を"音"に例えると、一人ひとりはいろいろな音色をもっているということです。その音を合わせてクラスをつくるのですが、みんなが同じ音になる斉唱をめざすのではなく、さまざまな音が合わさって美しいハーモニーになるようなクラスをめざして

ください。そして、コンダクターとなるのは先生だけでなく、さまざまな場面で、いろんな子がリーダー（コンダクター）になることができれば、きっと「温」「御」「恩」も達成できると思います。

　さて、入学式後の学級びらきは、あくまで形式的なものです。子どもたちの「めざすべき学級の方向」の理解も頭のなかでの理解だといえます。大切なことは、４月、５月に問題が起こったときを本当の学級びらきにするということです。"ケンカ""いじめ""ルール違反"といった具体的事実を前に、担任として「ご（５）おん」の大切さを説き、以降のクラスのめざすべき方向として再確認することが本当の意味での学級びらきになります。

　学級の組織づくりで、代議員に立候補した子どもたちが演説をしたというのがいいですね。各自が「どんなクラスにしたいか」をアピールし、子どもたちがそれを聴いて投票する。ぼくは「HRは民主主義の学校」だという位置づけをしてきましたが、アイコ先生のクラスの代議員の決め方はまさにそうだった思います。

　班長を選び、班長会議で「課題を背負う子を誰が自分の班員にするか」を中心にして班づくりをする。同和教育のなかでとりくまれてきた「生活班」という集団づくりの基本となる考え方です。１年生のしょっぱなにそれができたという子どもたちの潜在的エネルギーが素晴らしいと思います。さらに、班ノートや班会議を通して、子どもたちがお互いの生活が見えるようになることをめざしてください。そのためには班長会議が大切になってきます。できたら定例的にもって、それぞれの班のかかえていることを出しあい、考えあうということを通して、班長たちはリーダーとして育っていきます。よく学年会などで「自分のクラスにはリーダーがいない」という声が出ますが、リーダーはあくまでも育てるものなのです。また、班学習などで成果を上げている班の活動をクラス全体に紹介し、「〜は○班に学べ」としてクラスへの全体化を図るようにすることで、クラス全体の班活動が活発になります。

学級づくりは、たんに「みんなで仲良く」することではなく、「課題を背負う子」にこだわりながら、一人ひとりを大切にし、共に成長するクラスをめざすということです。

　すでにアイコ先生は、課題を背負う子としてHさん、Tさんや支援学級に在籍する2人を挙げています。次に考えておかなければならないことは、来年3月に、その子たちがクラスのなかでどうなっているかということを、今後の学級づくりの「めあて」としてめざすということです。そのうえで、日々起こるであろうその子らと他の子どもたちとの軋轢（あつれき）にどのように介入し、「めあて」につなげていくかということが学級づくりということになります。課題を背負う子とほかの子どもたちとの関係は、「トラブルが発生する」状況から「一緒にいられる」ようになり、「多少はふれあうことができるようになる」を経て、「関わりながら生活できるようになる」というように進化していくといわれています。その過程で、クラスの子どもたちが、課題を背負う子に対し、「静観できる」→「配慮できる」→「仲間意識をもつようになる」と変わっていき、それに合わせて課題を背負う子もクラスのなかで「安定」→「自信をもつ」→「満足感を得る」というように変わっていくのです。

　いまは、お互いにどうしていいかわからず「混乱」している段階だと思いますが、いきなり「仲間意識」ができるようにはなりません。一学期の到達目標は「一緒にいても大丈夫」レベルをめざすことだと思います。クラスは「友に」から「共に」を経て「伴に」というレベルになることをめざすというのがぼくの持論です。あまりあせらず、いまはレクリエーションやコミュニケーション能力を高めるゲームなどにとりくみ、みんなが「仲良く」なることをめざすこと、すなわち「友」になることが目標だと思います。もちろん、その間に担任として、課題を背負う子としっかりつながっておくことが2学期以降に生きてきます。

▶ 磯野雅治からタカオ先生へ ………… 2017年5月25日

　タカオ先生、先日は、授業を見せていただきありがとうございました。遅くなりましたが、「授業観察記」を送ります。

　何よりもタカオ先生の「笑顔」がよかったですね。「一日を説教から始めない」「授業を説教から始めない」とよくいわれます。また、「子どもの自尊感情を育てるには、身近なロールモデルが必要」ともいわれています。
　その意味からも、教師が笑顔でいるということは子どもやクラスにとっても大切なことなのです。

　前の時間の理科の授業でもそうでしたが、1組の子どもたちは、教師の指示をしっかり聴くことができていました。たとえば授業開始時の「ノートを準備してください」という指示に、すぐさま全員がノートを準備しました。問題を読むときも、先生の「みんな顔を上げて問題を読みます」という指示にも全員の子が口をあけて読んでいました。
　教師の指示に対して、その通りにできていない子をそのままにして先に進むと、「指示は聞かなくてもいい」という気持ちが子どもに生まれるので、指示がしっかり通ることはとても大切です。指示を出した後、子どもの様子を見ていて、できていない子がいたら、「まだできていない人がいるよ」などと声をかけ、指示の徹底をはかることが大切です。

　板書された問題を写しているとき、先生が「もう少し待ってほしい人」と言われ、数人の子が手を挙げ、先生は次に進むのをしばらく待たれました。これはとても大切なことです。教師はつい「できた人」「わかった人」と子どもたちに問いかけ、7〜8割の子の手が挙がると次に進んでしまいがちです。そして「わからない子」が固定化され落ちこぼされていくので

す。ときには「わからない人」と問いかけ、その子のわからないところを全体で考えるような授業の展開があってもいいのではないでしょうか。

　どの教科でも具体的なことから抽象的な思考へと進むにつれて理解がむずかしくなりわからない子が増えます。そういう意味で算数の文字式は子どもたちとっては苦手な子が多い分野なのです。そして文字式でつまずくと、中学校に入ってからの文字式の加減や方程式でついていけなくなってしまいます。したがって、何かを文字でおき換えるということの意味を子どもたちにしっかり理解させることができるかどうかが、中学校での数学にも影響を与えます。
　「数量関係」という言葉を使われていましたが、以前に説明されたのかもしれませんが、小学校6年生で普通に理解できる言葉でないと感じました。また、「まとめ」の部分で、「xとyを使って二つの数量の関係を一つの式で表した。また、xにあてはめた2.5をxの値、そのときの7.85をxの2.5に対するyの値といいます」と板書されましたが、非常にむずかしい文章なので、しっかり理解させることがこれからの学習を進めるうえで大切だと思いました。

　最後に、教科書の問題を解く場面で、「一緒になりたい子」とペアやグループになっていいということで、子どもたちが席を移動して、一緒に考えるペアやグループを作りました。Kさんはみていたかぎりでは誰ともペアやグループになりませんでした。「授業で子どもをつなぐ」という視点から、授業中に「一人ぼっちの子をつくらない」ことが大切だといわれています。授業を通してKさんとほかの子どもがつながること、もちろんほかの子も一人ぼっちにならないことをめざしてほしいところです。
　またKさんのとなりの席の女の子は算数が苦手なようで、それまでも問題が解けてない様子でしたが、授業の終わりかけで後ろの席の男の子が一生懸命に教えようとしていたのがとても印象的で、タカオ先生のめざすク

ラスの姿を表している光景だと思いました。近づいてみたのですが、男の子が言っていることが聴き取れなかったのと、時間がきてしまって、女の子が「わかった」という顔をするまでに至らなかったのが残念でした。

　授業参観ということで時間の制約があったと思いますが、その女の子がわからなかったところと男の子がどう説明しようとしていたかということを全体化すれば、さらに授業が深まったと思いました。

▶タカオ先生から磯野雅治へ………… 2017年6月4日

　先日は参観ありがとうございました。忙しさに追われ返事が遅くなり申し訳ありません。

　前回の磯野先生からいただいた参観での助言から学習のなかでのグループ交流を考えながら実践しています。仲間づくりという観点からも、授業のなかで「学び合い」を大切にしています。しかし、一人でとりくむことに重きをおく児童も多くいるため、どういうふうにそれを認めながら全体に広げていくかをつねに考えています。6月では、その点を中心に報告をさせていただこうかと思っています。Kさんはやはり、一人での学習にこだわり、自分の課題を終えてから教えにいく姿も見られるようになってきています。

　5月から「こだわり目標」というものを児童が中心につくり、ひと月にみんながこれだけはというこだわりをもって学級目標にむけてがんばっています。今月は「算数の学び合いをみんなですすめ全員で本時の目標を達成する」というものに決まりました。子どもからこういう提案が出てくることが何よりもうれしく楽しみです。これも先生から学び合いの方法について助言いただいたときからの声かけが効いているのだと思います。

　今月もよろしくお願いします。

▶タカオ先生から磯野雅治へ ………… 2017年6月20日

　学級では、おもに算数をメインとし学び合い学習を行っています。内容としては、授業の始めに課題を伝え児童がその課題にむけて協力しあいながら自分の考えを深めていくというものです。学習を進めるうえで大切にしていることが二つあります。一つは「わからないことをわからないと言える関係づくり」。二つめは「学習内容を把握し、児童が本時のなかで話しあい活動をして、課題を乗り越えていける声かけの工夫」です。

　学び合いを進めていくなかで、児童のなかには、一人でとりくむ児童が少しずつ見られるようになってきました。そこで、授業はじめに「全員ですべての課題をかならず全員で終えていこう」という声かけをしていきました。少しずつ、クラスのなかに学び合いで大切な関わりが深くなっていくのがみえてきました。

　一人でとりくみたい児童には、「一人でとことん突き詰めて考えてもいい。しかし、全員でのゴールが大切だからゴールにむけて自分が何かしないと、と思ったときには動いていこう」という声かけを行い、一人ですることがかならずしも悪いことではないということと、それでも共にやっていくという意識はもちつづけてほしいという願いを伝えています。

　5月には、いまを全力でとりくむことにこだわりやっていこうという目標を子どもたちがつくりました。子どもたちの言葉で言うと「5月は自分を高め、6年生としての自覚をもつ月だ」ということでした。5月の目標を達成できたと感じた子どもたちが6月のこだわり目標に何を提案するのかワクワクしていました。子どもたちの学級会議の結果でてきた目標が「学び合い学習をみんな、全力でとりくみ、課題の全員ゴールをめざす」というもので、「自分磨きの次は、クラスのことだ。そして次は学校だ」とやる気満々でした。私のふだんの声かけにも答えようとしてくれたのかなと

少しうれしくなりました。またそのときに子どもたちから価値語が生まれてきました。それは「動く勇気」というものでした。だれでも、6年間の子ども同士の付きあいのなかで、壁がある子ども同士もいたようで、それを乗り越えていこうとする強い気持ちの表れかなと思いました。現在この二つにこだわりがんばっています。

　以前から相談させていただいていたKさんですが、すこしずつ顔が明るく、周りの児童との関わりも多くなってきているように感じます。しかし、一番始めにKさんに「裏があるねんな」と言われたSさんが今度はしんどくなってきています。もともとSさんは、優しく、周りもよく見え、内向的な子どもでした。6年間のなかで、誰かと大きくけんかになるということもなく過ごしてきていたこともあってか、今回のKさんとの一件にかなりのダメージを感じています。「自分は、ダメだ」と感じているようです。Kさんから言われた言葉を引きずり、友だちと話すことに強いトラウマを感じているようです。学級で行っているジャーナルで背中は押していこうと考えています。

　今回は6月に子どもたちが「学び合い」にこだわるということでとりくんでいます。自分たちで課題と向きあい学習を深めていく姿は見ていてとても頼もしいです。しかし、なかには自分から進んで一歩を踏み出していけない子どももいます。みんなでとりくむという強い気持ちのあと押しをするためにはどういうスタンスを大切にし、声かけをしていけばいいでしょうか。厳しく？　それとも全体を認めながらその子どもの一歩をまつ？なんて考えています。
　また、友だちの言葉から傷つき、その挫折？を乗り越えようとする子どもへの声かけはどのようにしていけばいいのでしょうか。高学年の思春期の子どもたちの気持ちも大切にしていきたいです。

▶磯野雅治からタカオ先生へ ………… 2017年6月22日

　すごいですね。子どもたちが、自分たちで月ごとの目標をたてるということは素晴らしいことだと思います。学級目標とは、いわば最終的に来年3月になっていたいクラスの状態のことです。そして、大切なことは、そこにむかって短期、中期の「めあて」があることなのです。そのことを自覚しているかどうかは別にして、子どもたちが月ごとの目標をたてると言いだしたことはすごいことです。ぜひ続けさせてください。また、子どもたちの話しあいや動向を見守りつつ、学級目標につながる月間目標が立てられるようにアドバイスしてください。

　子どもたちの月目標にもなった「学び合い学習」を進められているとのこと、「学び合う」ことの大切さを体感した子どもたちは、きっと他の場面でも、クラスや仲間の大切さを理解すると思います。「学び合い」とはまさしく、授業における学級づくりだといえると思います。

　今回のタカオ先生のメール文から察するに、いま進めている「学び合い学習」のスタイルは、このまえ授業参観で見せてもらったときと同じで、子どもたちが任意のペアや数人のグループで進めるものですね。いまはまだ1人で学習する子もいるけれども、あえてそれを否定せず、「それでも共にやっていくという意識はもちつづけてほしいという願いを伝えています」というのがタカオ先生のスタイルなのだなと思いました。

　ただ「学び合う学び」を提唱している人たちは、任意ではなく、担任の意図が入った4人グループによる学びをその中心に位置づけています。また、同和教育・人権教育は、けっして「好きなもの同士」で班をつくるのではなく、班長を決め、班長会議で「課題を背負う子」を誰が自分の班で引き受けるかなどを話しあいながら班づくりをすることを提起してきました。

　タカオ先生のクラスでも、現在の形での「学び合い学習」によって、子

どもたちが「学び合う」ことの大切さを身をもって理解したと判断したら、たとえば2学期の「学期びらき」に、担任として、4人（基本は男女2人ずつ）班での「学び合い学習」を提起されてみてはどうでしょうか。自然にできたペアやグループに頼っていると、なかなか「一人でいる子」をなくすことはむずかしいのではないでしょうか。また、「仲がいい」ということに頼っていると、「一人ぼっちの子」ができやすく、そのうえその子らは、その事実を認めたくないので「一人がいい」などと発言する場合もあります。それに、授業をどう進めるかは、本来教師の責任で決めるべきものだと思います。

　もちろん、1時間の授業がすべてグループ学習である必要はなく、場面場面で、グループにしたり、個々の学習で進めたりというのも、教材や課題によって授業者である教師が判断することです。

　クラスとは、「仲良しグループ」を超えたところにあるものです。子どもたちが「仲良しグループ」での「学び合い学習」からスタートして、「仲良しグループ」のメンバー以外の子とも「学び合い学習」ができるようになったとき、子どもたちのコミュニケーション能力は一段と高まるし、クラスの質もいっそう深まると思います。

　授業参観でKさんを見たとき、おだやかな家庭でたくさんの愛につつまれて育った子の表情とは異なるものを感じました。何かしらめぐまれない家庭的な条件の下で育ったのかもしれませんね。それが自尊感情の低さになって表れているのかなと思える、少し子どもらしからぬ表情でした。算数の時間の「学び合い学習」のときもほとんどの時間帯で一人でした。こうした子どもはまず何よりも教師がありのままを受けとめることが大切です。タカオ先生も4月以来そのことに努めておられると思いますが、しばらくはそのことで、彼が「先生はぼくを受けとめてくれている」と思うようになることが大切です。

　もちろん、彼の言動に傷つけられたSさんも同じです。その子に寄りそい「君は悪くない」メッセージを発信しつづけることがいま必要なことだ

と思います。ただし「悪いのはKさんだと先生が言った」とSさんに感じさせたり、逆にKさんをかばっているとSさんが感じてしまっては、今後の二人の関係づくりにマイナスです。言動には十二分に気配りしてください。

いまは、ただただSさんに寄りそい、その子の気持ちを受けとめることだけを考えることが大切です。人もクラスも起こった問題の解決を通して成長するもの。KさんとのやりとりはSさんにとって成長のチャンスなのかもしれません。

▶タカオ先生から磯野雅治へ……… 2017年7月2日

磯野先生に助言をいただき、来年の3月に自分たちがどうなっていたいのかを意識したうえでのこだわり目標を進めています。今月のこだわり目標は、子どもたちのなかでも納得のいく結果となったようでよかったです。明日からは7月、1学期の締めとしてどういう目標が出てくるのか非常に楽しみにしています。個人→クラス→今月は何に重きをおいて、学級目標の礎にしようとするのか。助言しながら、今月もいいものが決まればいいなと思っています。

学び合い学習について

先生から助言をいただいてから、学び合い学習について、どうしていこうかと悩んでいたときに、子どもとのジャーナルから、グループを工夫して作ってみるとより学び合いが深まるのではないかという提案が出てきました。「勝負どころだな」と思い、この提案を全体に投げてみました。すると子どもたちから、ふだんやらない人とやると、新しいことを学べると思うのでぜひやろう、という返答が返ってきました。生活班ではなく、学び合いを始める前に、シャッフルされたグループでの学習が始まっています。

先生に助言いただいた、2学期からの提案がとても参考になりました。1学期終了時点での子どもたちの様子を夏休み中に思い返し、2学期からの学習スタイルを考えたいと思います。

　学び合いをしていくうえで、疑問に感じることが出てきました。それは、教える児童と教えられる児童という関係がみられるようになってきたことです。発問などを工夫し、この児童の関係性を少しずつでも崩していけたらと考えていますが……、なかなかむずかしいです。子ども同士の関係に大きく何かがみえはじめているというよりも、教師としての視点で、この関係のままではよくないなと思っています。その点について教えていただけたらとてもうれしいです。

　1学期の終わりにむけて、1学期の振り返りをすることがありました。Sさんは1学期がんばったことに「自分の気持ちを言葉にして伝えられるようになった」と書いていました。「あぁ……3年間みてきたけど、今回のことで自分と向きあい強くなっていこうとしているのだな」と私は感心しました。ジャーナルのなかでのやりとりもあってか、少しずつプラスに物事を考えていく姿勢が見られるようになってきました。自分とあらためて向きあうなかで、いままで自分の嫌だと思う部分と向きあい、受け入れたり、克服しようとしたりして大きな一歩を踏み出しているのだなと思います。この調子で、磯野先生にいただいた助言とともに、寄りそっていこうと思います。

　最後に、子どもたちの学び合いに対しての感想と、それを読んで子どもたちに示した私の意見を添付します。よろしくお願いします。

○自分は教えあいの方で、わからない問題をだれかとやっていたらいろいろな解き方、考え方が聞けてすっきりします。学び合いだから人にも聞きやすいです。
○一度ぜんぜん教え合わない日があってそのときはぜんぜん終わらなかったけどその後みんなで見せあうと、全員終わったから教えあいは大事だ

なと思いました。
○最近算数がけっこうよく、初の全員ゴールができました。けっこういい感じな気がします。この調子で、これからもがんばろー！　おー！
○わからなかったところをきらとさんにわかりやすく教えてもらってうれしかったです。
○算数の教えあいは、ぼくは教えられるがわです。だから教えてくれている人にありがたく思っています。そのおかげで全員でゴールできました。次は問題をわかって、教えれるがわにがんばっていきます。気合だ
○今日、私が算数のゆみさんの説明で悩んでいると、にわさんが助けてくれてとてもうれしかったです。今度は私が丹羽さんみたいに友だちにすばやく、わかりやすく説明したいです。こまってそうな子がいたら助けて自分がわからなかったらまたおしえてもらいたいです。
○教えるのもたのしくてはやくおわろうと思えるから一石二鳥です。あとみんながおわったときおしえたかいがあったと思いました。
○「全員ゴール」達成できてよかったです！　みんなにとってとってもいい経験になったと思います。その日は「教えあい」の「カギ」を握った日です。その日手に入れたカギはぜんぶで三つです。一つはみんなであじわった達成感。二つめは教える人のベリーグッドな教え方。三つめは、ともだちの輪が広がった。みんなとは約2カ月しか過ごしていないのにすごいと思います。この調子で6-1算数をとくいなきょうかにできるといいですね。
○自分的には95％くらいだと思います。なぜかというと、まだゴールできていない人がいるし、教えないでしゃべっている人などもいるから、そこを直せば100％以上いけるかもしれないから、100以上めざしてやっていきたい。
○算数このごろクリアしてきていると思います。また、がんばってクリアさせたいです。またがんばりたいと思います。
○終わっていない人に教えにいくのですが、教えていると、自分がむずか

しいところも簡単に教えることがときどきあるので、教えている方も意外とおもしろいです。算数を教えあうようになってから、算数の時間がおもしろく感じます。あと、この前みんながゴールできたときはすごくうれしかったです。
○みんなすごいなと思います。私が悩んでいたら、自分から来てくれるのがすごくうれしいです。私もできるだけがんばっています。自分ができたときにみんながすごくよろこんでくれるのもうれしいというか、がんばっているんだなと思います。わたしも精いっぱいがんばります。
○この前全員ゴールしたけど、終わらない方が大きいから……85％かな？あとの15％が大切!!　今月どれだけがんばれるかで決まると思います。
○全員ゴールしたのでうれしかったです。また全員達成をしたいです。算数は得意ではないけど、これからもよろしくお願いします。あたしもがんばりますー！　次はすらすらと算数ができるように勉強します。教えてもらうときがありますが、うれしいです。
○ぼくがすべて終わったらみんな困っている人のところにいっていて、でもゴールできていない人がいたので……↓
　75点くらいかな。こだわっていこう
○97％です。なぜかというと、もっと教える人がいたら100％になると思います。
○ぼくは教えに行きます。全員がすべて終わったときはとてもうれしかったです。
○全員ゴールできたから、できれば教えあいレベルをアップさせて、毎日全員ゴールができるようになりたい。
○90％で、少しできていないが10％位だと自分で思います。できていない10％は、一人でやるのはいいと思うけど、終わった人から教えあいをしていくのができていないときがあるからです。
○今月の目標少しずつできてると思います。いまのペースで進めていきたいでーす。

○算数の教えあいはほとんどできていると思います。教えあいは協力することが一番大事だと思います。でも一番いいのは、協力してみんなでゴールするのが一番いいと思っています。でも、いまはできなくてもこの1カ月でみんなでゴールして、次の目標にむけていきたいです。
○一回だけどみんなで協力できてみんなでゴールできたのはとてもうれしいけど、一回で終わっていたらダメ！　それを続ける！　続けるには……やっぱ協力！
○最近ぼくは、算数の教えあいができています！　しかし、できてるのは、96％ぐらいです！　だから、この4％をもっとがんばって100‼にしたいです。がんばって教えあいを100にするぞ！
○最近はみんながよく動くようになって、前はできていない人がいなかったのでこれはすごいと思います。これはクラスが成長していっている証拠だと思います。
○最近算数で全員ゴールが多くなりました。みんなで協力して教えあったからこそできたことですね。算数ではとくに教え愛、協力し愛ができていると思います。そんななかでも、なかなかわからない人がいると思います。そんな人たちを教え愛、協力し愛でなくせたらなと思いました。
○ぼくは算数のときにいつも教えてくれる友だちがいます。それは宮崎さんとわたしさんです。二人ともとても優しく教えてくれます。あといわつきさんも優しいです。困っていたときに、すぐやさしく教えてくれたからです。このようなことがクラスで増えたらいいなと思いました。
○みんな教えてくれて本当にやさしいなと思う。間に合わなくても、「がんばったや〜ん」「すごい‼　ここまでできたやん」「あとでおしえてあげようか」とか明るく対応してくれて、本当にうれしいし、わかりやすく書き込んでくれたり、ちゃんと説明してくれるし、応援してくれて本当にいいクラスだなと思う。みんなが教えてくれたからこないだも全員クリアできたから本当に感謝です。このクラスの教え愛のいいところは、
・男女関係なく教えてくれる

・応援してくれる
・終わらなくても、励ましてくれる
・わかりやすく説明してくれる
・一緒に喜んでくれるところだと思います。
　目標は十分達成していると思います。
○これをしてみんなのテストもあがったし、みんなの平均も全国よりも上だからこれをしてよかったと思う!!　けど、まだゴールがせりちゃんも含めてできていないからこの31人で山を乗り越えたい!!　まだこれではできているとはいえない!
○みんなで学び合い、教えあいをするということはとてもいい案だと思います。しかし、この方法を続けていると、いつも、同じ人で同じグループになったり、いつも仲のいい人とだいたいの人がなっているので、いつも一人でやっている人は別にいいけれど、いつも算数が苦手な人が一人でやってて、きっとその人はグループになってやりたいと思ってると思うんだけど、いつもみんなはだいたい同じ人とやっているから、なかに入れない人だと私は思います。だから、これからそういうことがないように授業できたらいいと思います。でも、前、みんなが授業中にゴールできたので、またみんなでゴールしたいです。
○①できる人は、できる人同士でグループを作ってるから一回だれとなるかわからないシャッフルのグループで教えあいをした方がいいと思う。
　②ゴールした人が教えに行くときに一人にたくさん集まるから、①をしてそのなかでわからない人に教えて、グループの人が全員終わったらほかのグループに教えたらいいと思う!
　③最近あともう少しっていうことがよくあるから、もうちょっと教えてもらっている人もまじめに聞いてほしいと思うことがあります。

　さぁ皆さんの文字あわせて3144文字の文章たちです。こうしてまと

める予定はなかったのですが、読んでいるとあまりにも感激してしまい、これはぜひみんなにも読んでほしいと思いました。

　さて、今回の成長ノートからは、三つのキーワードに気がつきました。一つは、「感謝」。二つめは「一人も見捨てない」。三つめは「本気」です。6月のこだわり目標は「算数の学び合い、全員でゴール」です。さぁ、この目標はとても大きな山だと思います。この大きな山を越えるには、みんなの本気が大切です。そして、それを支えるのは、感謝や見捨てないという強い絆です。みんなは今年で卒業です。3月に、自分たちはどうなっていたいかというゴールをもう一度確かめましょう。

　みんなの算数の様子を見ていて感じていた山についてもシッカリ気付き、提案している人がいます。いい気付きはいい学びです!!　さすがですね。

　先生は、このメンバーで支えあい、みんなで目標にむけて一歩ずつ踏み出している毎時間がうれしくて仕方ありません。そして、毎時間この時間はどうなるのだろうとワクワクしながらみんなの奮闘を見ています。成長していますねぇ～～～～！　毎日みんなのがんばりを見られて幸せです。ありがとう!!

　先生もがんばります！　この6月こだわってがんばり愛をしていきましょう。

▶磯野雅治からタカオ先生へ………… 2017年7月3日

　タカオ先生、こんばんは。

　6月第4週分のレポートをありがとうございました。クラスはいい方向に動いていますね。ぼくのコメントを送ります。1学期の「振り返り」の参考にしてもらえたらと思います。

　「教えあい」についての子どもたちの感想がいいですね。おのずと「教えあい」の大切さや楽しさを「教える」側の子も「教えられる」側の子も

つかんでいます。何よりも「教える」側の子が「教えてあげている」という上から目線になっていないのがいいし、「教えられる」側の子も支えられて「がんばろう」としているのがいいですね。それに、現在の「教えあい」のスタイルにとどまるのではなく、「仲良しグループ」を超えて「教えあい」をやろうと考える子どもたちが出てきていることで２学期以降の展望がみえてきていると思います。

　以下、いくつかの感想にコメントをつけてみました。

○終わっていない人に教えにいくのですが、教えていると、自分がむずかしいところも簡単に教えることがときどきあるので、教えている方も意外とおもしろいです。算数を教えあうようになってから、算数の時間がおもしろく感じます。

　──他者に「教える」ということが、教える側の子どもにとってもより深く学ぶことになるという「教えあい」の意義を十分につかみとっている感想ですね。

○学び合いだから人にも聞きやすいです。
○わからなかったところをきらとさんがわかりやすく教えてもらってうれしかったです。
○自分ができたときにみんながすごくよろこんでくれるのもうれしい。
○みんな教えてくれて本当にやさしいなと思う。間に合わなくても、「がんばったや～ん」「すごい‼　ここまでできたやん」「あとでおしえてあげようか」とか明るく対応してくれて、本当にうれしいし、わかりやすく書き込んでくれたり、ちゃんと説明してくれるし、応援してくれて本当にいいクラスだなと思う。

　──「学び合い」で大切なことは、「ここわからへんから教えて」と言いあえる関係です。６年１組はそれができているからこそ、「教えあい」ができるのです。この関係はこれからも大切にしたいですね。

　「わかりやすく教えてくれる」「できたらみんながよろこんでくれる」と

いうのも、「教えられる」側の子が、素直に「がんばろう」と思えていていいですね。

　また、「教えられる」側の子に対して、「できた」という結果だけを褒めるのではなく、途中のがんばりを周りの子が評価するというのは、子どもの自尊感情を育むうえでもすごく大切なことなのです。

○いつも、同じ人で同じグループになったり、いつも仲のいい人とだいたいの人がなっているので、いつも一人でやっている人は別にいいけれど、いつも算数が苦手な人が一人でやってて、きっとその人はグループになってやりたいと思ってると思うんだけど、いつもみんなはだいたい同じ人とやっているから、なかに入れない人だと私は思います。だから、これからそういうことがないように授業できたらいいと思います。

○できる人は、できる人同士でグループを作ってるから一回だれとなるかわからないシャッフルのグループで教えあいをした方がいいと思う。

——教師からの指摘を受けてではなく、子どものなかから、現在の「限界」が指摘され、より深いクラスとしての「教えあい」への提起がなされるということはすごいことですね。このことの重要性がクラスの世論となるようなクラス全体への働きかけが今後の課題だと思います。

　7月に入り、1学期の「振り返り」の時期になりました。「振り返り」には、いろいろな方法があると思いますが、その一つとして「現時点で『学級目標』の到達度はどれくらい」ということを子どもたちに考えさせてみると、2学期につながると思います。6年1組の目標は「みんなで協力　信頼しあい　笑顔あふれる個性豊かな　伝説　最強　おにぎりクラス」ということでしたが、それがどれぐらいまでできているか、％で答えさせてみるのです。さらに80％以上と答えた子どもと30％以下と答えた子どもには、「そう考えた理由」を問います。そのことで、クラスのいまの「よさ」と、「今後の課題」がみえてきます。それをもとに2学期の学期びらきで、「目標達成のための2学期の『めあて』」を考えあって決めればいいと思い

ます。

あと1カ月足らずです。いい学期じまいができますように。2学期も楽しみにしています。

▶アイコ先生から磯野雅治へ………… 2017年7月9日

こんばんは。7月2週目の報告が遅くなり、申し訳ありません。

簡単ですが、報告をお送りします。前回までのようにがんばれず……すみません……。

6月に宿泊学習があり、クラスや学年で行動することにも慣れてきた1年生。

4月からの緊張感も少しずつほぐれてきました。いい意味での「慣れ」が「ダレ」につながってくるころです。

クラスは、ほかの教科の先生からも「クラスの雰囲気がよくなっているね!」と言ってくださることが増えました。教師間でクラスの雰囲気やがんばっている生徒、ちょっと心配だなと思う生徒について、少しの変化でも報告しあうあの時間が私は好きです。担任は、1日の数時間しかクラスで過ごせないため、そういった報告があると安心します。そして、学年や学校の教員全員でクラスをみている、と感じられる瞬間です。

クラスの雰囲気はたしかによくなってきていると思うのですが、ほかの先生からの話や、もちろん私もよく気になっていることは、クラスのなかで以前から人をバカにしたり、見下したり、差別的な発言がなくならないこと。そして、それを周りが黙ってみていることです。いけないこととわかっていてもそれを「やめよう!」といえない大半の生徒に対してどのようなアプローチをしていくかが現在の課題です。

今週末にクラス反省を行いました。クラスの反省として、言葉遣いや発言についての反省が出たので、班長会議を2学期の始めにもとうと思っています。懇談も始まりますので、ご家庭にもクラスの現状を伝えるいい機

会だと思っています。

▶磯野雅治からアイコ先生へ ………… 2017年7月11日

　アイコ先生、暑い日が続きますね。
　もうちょっとで夏休み。いい感じで1学期を終わってください。
　アイコ先生、生徒たちにとってきっといい宿泊学習だったんだと思います。宿泊学習というのは、クラスの生徒たちをつなぐうえで大きな役割を果たしますね。きっとアイコ先生のクラスも、宿泊学習を境にして変わったことがあると思います。Mさん、Tさんとほかの生徒たちの関係は、宿泊学習を通して変化があったのでしょうか。学級通信などで、その「よい点」をとりあげて、「クラスに～な雰囲気が生まれたのは、みんなで宿泊学習にとりくんだからだ」と強調しましょう。それが、学級づくりなのです。また、その「変化」が、アイコ先生のいう「ごおん」の「温」「ON」「御」「音」「恩」のどの部分に関わっているのかという視点で生徒たちに提示していくことが、担任の学級づくりの「めあて」が生徒たちにしみこんでいくことにつながります。
　学年会などで、各クラスの様子を交流しあうことはとても大切なことです。若い先生たちの「悩み」の一つが「同学年の先輩の先生との人間関係」なんですが、じつは、個々の教師にとっても、学校にとっても教師間の人間関係は重要な意味をもっています。
　作者不詳の「私が先生になったとき」という詩がありますが、その一節の「私が先生になったとき／自分がスクラムの外にいて／子どもたちに仲良くしろと言えるか」とあります。すなわち、子どもたちの集団づくりの前提は、教師の集団づくりだという意味です。1980年代の中学校の「大荒れ」時代、「教師の意思統一に成功したら、『荒れ』の克服は半分できたのも同じ」といわれました。それほどに、教師の集団づくりはむずかしいという意味でもあるのです。アイコ先生の学年のクラスの交流が、単なる

交流から、お互いの学級づくりの批評ができるほどになればいいですね。それが佐藤学さんのいう「同僚性」だと思います。

　もう一つ、いま学校現場では、「子どもたちの自尊感情を育む」ことが喫緊の課題だといわれています。自尊感情というのは、子どもたちが個々ばらばらでがんばって身につくものではなく、子どもたちが属す集団（クラスなど）の質の深まりとともに育つ性格のものです。また、子どもたちの自尊感情の高まりには身近にロールモデルがいることが重要だとされており、学校では教師の自尊感情が豊かであることが求められるのです。そして、教師の自尊感情も集団のなかで育まれるわけですから、ここでも教師の集団づくりが重要だということになります。

　「クラスのなかで以前から人をバカにしたり、見下したり、差別的な発言がなくならない」とのことですが、すでに班長会議で、生徒たち自身が気がついているということなので、解決にむけて一歩踏み出せていると思います。ぼくのモットーは「人は可能なことのみ空想する」です。すなわち「人を不快にする発言をなくしたい」と考えることが、実際になくすことにむかって前進しているということなのです。

　もちろん、そうした発言を目のあたりにしたときは、教師からの指摘や叱ることは必要だと思います。しかし、それだけではなくなりません。一番のポイントは生徒たち自身で話しあい、なくす道筋を考え、実行させることだと思います。

　それと、言葉というのは関係性のうえに発せられるものです。そうした発言があるということは、残念ながら、いまだ生徒たちの関係がそれほど深まっていないことの表れだといえなくもありません。すなわち、学級づくりの過程との関係で捉えておく必要があるということです。3学期までの見通しをたてて、どのあたりで教師からしかけるかを考えてみてください。まだ1年の3分の1しか経っていません。来年3月に、そうした発言のない状態にクラスをもっていくぐらいのスパンで考えてみることも大切です。

「人をバカにしたり、差別したりする発言」をなくす取り組みとして、逆に「人の気持ちをおだやかにする言葉」を考えるということもいいのではないかと思います。資料を添付しておきます。道徳や特活の時間を使って、生徒たちに「人から言われて『心地いい』と感じた言葉」を書き出させ、それを発表させて、そうした言葉を教室で使うことを提起する教材です。終礼の時間に「今日、誰かから『心地いい』言葉をかけられた人」を発表させるというのもいいかもしれません。
　とにかく、「人をバカにしたり、見下したり、差別的な発言」というのは、厳しく叱ったり、「禁止」したりするだけではなくならないと思います。実践的アイデアを考えだしてください。

▶アイコ先生から磯野雅治へ ………… 2017年9月20日

　2学期が始まり、9月も半ばになりました。本校では秋に文化祭と体育祭の開催があり、いまは文化祭の合唱の練習で子どもたちは忙しい日々を送っています。
　夏休みという学校生活から解放された日々は、彼らをある意味成長させました。いまは冗談ではありますが、わがクラスを動物園（本当に叫び声や奇声がクラスから聞こえるので……）と呼ぶようになりました。
　そのくせ、文化祭の練習は最初ひどいもので、歌うことをカッコよく思わず合唱練習もふざけて真剣にとりくまない数名がつねにいる……という最悪のスタートでした。根っからダメなわけではありません。いわゆる調子にのっている、というやつです。
　こんな状態になって、クラスの多数はどのように接していくのかな……と思っていたら、われ関せず、というのか、耐え忍んでいる、というのか、数名の男子たちには注意や声かけをしないままなんです。言葉は悪いですが、絶対にうっとうしいはずなんですが、その子たちをなんとかしようという行動が見られないように思います。席替えのために班長会議を開いて

も、「私が、ぼくが、なんとかこいつたちを支えてクラスをひっぱっていく！」という言葉さえ出ないのでがっかりしました。

　私はつねに子どもたちの前では情熱をもって話すように心がけています。この歌う姿勢のことも個人的にももちろんですが、かならず全員の前で話します。それは個人の問題ではなく、クラスの問題として捉えてほしいと思っているからです。あまり効果はみられませんが……。

　でも、その思いが少しずつ伝わってきたのか、子どもたちがこれじゃまずい！とただたんに感じたのかわかりませんが、明後日に文化祭を控えたいま、少しずつですが、合唱もよくなってきました。せっかくの機会ですから、全員で一つのことにとりくんだことを誇りに思ってほしいと感じています。そして来週の体育祭へといいかたちでつなげてほしいとも思っています。

　もうひとつ、クラスで心配なことがあります。

　夏休みを終え、クラスで欠席する子が多いことです。心因性が大半だと思うのですが、頭痛など体に異変を感じ、部活動や学校を休みがちになる子が多いのです。

　そのなかでも心配なのがＩさんです。自分が言われて嫌だなと思うことを言われる、という理由で登校しぶりが始まりました。個人的にも話を何度も聞き、相手の子たちへの指導もして、部活の顧問の先生や学年団、養護教諭、スクールカウンセラーの先生、保護者とも連携してなんとか学校へ登校しています。しかし、問題が解決しても彼の体の異変はかわらないままです。幼少期から発達的な課題があり、とくに対人関係のスキルに課題があるようです。これから環境も変化し、いろんな人と関係を築かなければなりません。つらいことや嫌なことがあるなかでも彼がいまの状況をどうやって乗り越えていくかが彼のターニングポイントになるだろうと考えています。

　長くなりました……また来週の体育祭が終わったころに次の報告をいたします。

▶磯野雅治からアイコ先生へ……… 2017年9月23日

　アイコ先生、文化祭のコーラス発表はどうだったでしょうか？　2学期が始まってからの生徒たちの練習の様子を見ていて、きっと担任として「イライラ」「ハラハラ」されていたのでしょうね。

　夏休み明けというのは、なかなか子どもたちもエンジンがかからないもの。いきなりフル回転とはいきませんね。アスリートが試合当日にベストコンディションにもっていくために、練習メニューを考えるのと同じように、文化祭や体育祭といった学級活動におけるイベントも、当日に生徒たちのコンディションやモチベーションの山をもっていくために練習日程を考えたり、生徒たちの様子をみてなんらかの手を打ったりすることが必要なのです。もちろん、文化祭や体育祭で大切なことは、生徒たちの自主的な取り組みですが、やはり担任のコーチングも必要だと思います。とくに、取り組みがうまく行ってないとき、ときには一喝することも必要だし、しっとりと担任の思いを話して聞かせることやがんばっている子の思いを出させることなども効果があります。

　ぼくにも、夏休み明けの文化祭の練習がなかなか進まないといった経験があります。2年生で演劇をすることになっていたのですが、練習が始まってもキャストの元気のいい男子たちがいい加減な態度で、キャストの女子から不満が噴出するという状況が続いていました。そんなある日、掃除時間に教室のゴミ箱からチューインガムの包み紙が出てくるという事件が起こりました。ぼくは「いいかげんな練習態度を立て直すチャンスだ」と思いました。そこで、終礼の時間に、ことの顛末を話し「食べた人は名乗り出なさい」と言ったのですが、誰も出てきません。ぼくは、「こんな状態で、何もなかったかのように今日の練習をすることはできない。今日は練習を中止する」と宣言して、あっけにとられている生徒たちをおいて教室を出ていきました。結果的には女生徒2人が名乗り出たのですが、そ

の日は練習できず。でも、翌日からは、クラスの雰囲気はうって変わり、練習にも熱が入って、文化祭当日はいい演劇ができました。

　アイコ先生は、何でもクラスの問題として全員の前で話すようにされているとのこと。これは、とっても大切なことです。「今日はこんなうれしいことがあった」「いま、クラスにこんな問題が起こっている」「みんなの様子に腹が立つ」「私は悲しい」などなど、担任が子どもたちの前で話すことが、学級づくりに通じるのだと思います。もちろん、「褒める」ことを中軸にすえるほうが効果があります。なので、生徒たちをたくさん褒めてください。

　教師の仕事は、ときには舞台監督でもあるのです。教室を舞台にした"学級物語"を仕上げるために、そのキャストである生徒たちのそのときどきの様子を観察し、必要な"てだて"を講じることが大切です。

　学校は教師が思っている以上に生徒にとってはストレスが大きいものです。教師が「学校だから当たり前」と思っている決まりも生徒からみれば守るのには努力がいるもの。教室内の人間関係をうまくやり過ごすのも生徒には相当のストレスです。なので、夏休み明けはそうした学校生活にうまくソフトランディングすることが大切なのですが、学校ではいきなりフル回転を求められます。そのために、2学期当初は体調を崩したり、登校しぶりが起こったりしやすいのです。ここは丁寧な対応が求められます。

　子ども社会というのは、大人社会以上に「自分たちと少し違う」者を排除しようとします。しかも、それを「正義」だと考えるふしもあるので、教師の真っ当な話がなかなか通じません。そして、クラスにはそうした「排除」や「いじめ」にあいやすい傾向（スティグマ）のある子が少なからずいます。

　発達に課題があるというIさんもそうした一人だと思われます。もちろん、Iさんがそうなりたくていまの I さんになったわけではなく、Iさんにはまったく責任はありません。

　発達障がいのある子とクラスの生徒たちの関係は、当初はお互いに「ど

う接して、いいのかわからない」状態です。そこからトラブルが起こるし、クラスの生徒たちが、その子を排除しようとする動きも生まれます。そのような段階で教師がめざすべきことは、クラスの生徒が、自分たちとは少し違うその子の言動を静観できるようになるということです。静観されると、発達障がいのある子も安定します。そのためには、教師が、その子に徹底して寄りそうということが大切です。ぼくも自閉症の生徒を担任したことがあります。ぼくは、そのとき、空気をよまない彼の質問や発言に丁寧に対応することを心がけました。もちろん、その子へのちょっとしたからかいやいたずらは叱りましたが、その一つひとつを厳しく叱責するのではなく、ぼく自身がその子との関わりを楽しむようにしていました。なので、アイコ先生も、Ｉさんに寄りそい、彼の話をしっかり聴いてあげてください。Ｉさんが「先生に会えるから学校へ行く」と考えてくれたら、そこからスタートです。

▶タカオ先生から磯野雅治へ……… 2017年10月15日

　こんばんは。遅くなり申し訳ありません。
　この10月には、頭に運動会、いまの時期には修学旅行と行事が続いております。そこで、出てきた大きな悩みについて相談させてください。
　運動会では、学級、学年がひとつになりがんばろうとする姿が見られ、大きな成長への機会となりました。子どもたちのなかには、最後の運動会ということが意識されており、熱い思いをもって運動会に臨む姿も見られました。運動会当日もいい演技になり、感動しました。
　しかし、問題はここからでした。子どもたちは、燃え尽きたかのように疲れがみえ、ブレーキがかかりました。
　子どもたちは、自分たちの運動会に大きな満足感を得ていたようで、それは大いにうれしかったのですが、次のステップにつなげていくことができませんでした。担任としても、初めての6年での運動会、自分自身も疲

れが出ていたのだと思います。いまとなってそこで大きな成長につなげることができなかったことに悔いが残っています。

　子どもたちが感じている達成感を次の段階にもっていってあげられるようなものが自分のなかでも不明確だったのもたしかでした。先生なら、どういうふうにするのかな？と思います。アドバイスお願いします。

　そんななか、修学旅行の班を決めるなどの次の行事が重なってきました。男の子たちは、相変わらず自分たちで話しあいをしながら班を決めていくことができました。さて、問題は女子の方でした。もともと幼い学年ではあったのですが、女の子は心も成長しており、少しずつグループ化が始まっていました。しかし、最後の行事、みんなで話しあいをしながら、決めてほしいという願いもあり、子どもたちの話しあいを見守るかたちで班を決めていきました。子どもたちは懸命に話をしていたのですが、発言力のある児童が引っ張るかたちが目に見えてくるようになりはじめました。もともと、グループがうっすらと見えていたのですが、ここではっきりと浮き上がってきました。

　子どもたちは、これからの関係もあるので、みんなでもう一度仲良く一緒にやっていけるようにという思いと高学年の女子特有の、雰囲気だから無理やりはいかなるものかという思いの葛藤があります。初めての6年生。子どもたちにどこまで任せていいものか。毎日見てきた子どもたちのはずが、なかなかつかめていないものだなと感じています。

　グループの決め方、子ども同士での話しあいの進め方等で何か助言いただければ今後に生かしていきたいと思っています。助言お願いします。

　最後に、教室にあふれさせたい漢字というものを子どもたちと考えたもののまとめを添付しておきます。

　学級の活動等助言いただければとてもうれしいです。よろしくお願いします。

子どもたちが考えた教室にあふれさせたい漢字一文字
「笑」
・みんなが笑顔でいてほしいから。
・たのしい教室にしたいから
・笑っていたらたのしいから
・笑っていたら、いやなことがないから
・みんなが笑顔になれば、元気だなとわかるからみんなが笑顔になればいいなと思います。笑うというのはみんなの心がけが大事だと思います。
・笑ってすごせたら幸せだし、自分までうれしくなるからです。クラスのみんながみんなで笑えたらイイナと思います。
「気」
・感情隊のようないろんな感情、気持ちでいたいし、そのほうがたのしいかなと思ったからです。
・いろんなところで本気を見せられたらかっこいいなと思ったからです。
・気のつく言葉がいろいろあるからです。（気合、本気）
「仲」
・仲がいい？　十人十色
「成」
・このクラスで成長したいからです。
・成るとか成功とか失敗じゃダメという意識をもちたいからです。
・なぜなら、最近成長をクラスに感じられないからです。もっと感じられるようになるといいです。
・すべてにおいて成功することができるから成を選びました。
「目」
・今は、自分も含めてメリハリがないと思います。だから目で見て、メリハリをつけるとか、行動をできるようにしたいと思います。
「友」
・なぜかというと、みんな友だちということをクラスに広めたいからです。

「一」
- 一人のこらず一つの輪になるのがいいと思うからです。5カ条のご誓文みたいにみんな平等、一つになって最高のクラスにしたいです。

「鏡」
- 最近、みんな気が抜けています。「静かにして」と声かけてもぜんぜん静かにならない。いまのまんまだと絶対鏡ではないです。このままでいいの？かなと思うようになりました‼ もっと6年生らしくあこがれてもらえるような6年生になりたいです。そういうところを5年生に受け継いでもらいたいです。だからもうちょっとがんばろう。

「宮」
- タカオせんせいパワー。みんなにそのパワー（元気）が伝わったらできること UP↑ 先生明日からパワー全開でよろしくお願いします。あらためてあと5カ月よろしくお願いします。

「信」
- 信頼しあい一人ひとりが元気に過ごせる教室がいいからです。

「思」
- 最後まで一日一日思い出をつくりたいからです。たとえばレクです。レクはみんなと思い出がつくれるからです。

「楽」
- みんな愛は伝わっているし、できているので「楽しい」にしました。「支え愛」「助け愛」はできているので、次は卒業までいっぱい「楽しむこと」が大切と思ったので、この漢字にしました。

「協」
- 協力して教室をよくしていくという意味。やっぱり協力すれば成功させられると思います。

「受」
- 先生から授業を「受」ける
- 協力し、愛を「受」ける

- マジウケるぅ～
- 愛に似ている字

「**愛**」
- 組体のテーマにもなった「愛」です。
- 愛には、支え愛、認め愛、たくさんのことがあるので、6-1にあふれさせたいなと思います。
- 組体みたいにみんなで大きな目標にむかっていくっていうことみたいで、支え愛みたいにこれからもさまざまな愛をうみだして6-1をすごしていきたいです。
- このクラスにきて、もっとみんなとの仲を深めたいからです。友だちと仲良くなれば信頼関係ができます！
- 助け愛、学び愛、協力し愛をもっと大切にして、さらにもっとあふれさせたいからもっと愛をあふれさせて最高だったなぁ～と思える1年にしよう！
- みんな仲良く卒業したいからです！
- 助けあうことも認めあい、支えあうこともみんな愛があるからこそと思います！

▶磯野雅治からタカオ先生へ ……… 2017年10月22日

　タカオ先生、こんにちは。返事が遅くなって申し訳ありません。
　クラスはいま、"山場"にきていると思いますよ。
　大きなイベントの後に「燃え尽き症候群」的な現象が現れることは自然なことです。運動会の準備・練習から当日へ、子どもたちは緊張の連続だったはずだし、身体も疲れていたのだと思います。なので、あまりそのことを否定的に考えないほうがいいと思います。
　むしろ、この時期を利用して、ちょっと立ち止まってクラスの"今"をみつめてみてはどうでしょうか。具体的には、4月からここまで走ってき

たクラスだと思いますが、当初に子どもたちが考えた「6年1組　こんなクラスにしたい」に対して、やはり「まだまだやりきれていないこと」はきっとあると思います。それをみんなでじっくり話しあって、「これからのクラスの課題」をみつけてください。学級づくりの折り返し点が過ぎたいま、来年3月に、子どもたちが4月に考えた到達点をめざして、「いま、何をすることが必要か」をみつけだして、クラス全体で共有する機会にしてほしいと思います。子どものなかにも、たとえば「教室にあふれさせたい漢字一文字」を「鏡」とした子のように、クラスの状況に気づいている子もいるわけですから、思いきって子どもたちに投げかけてみてください。

　具体的には、今一度みんなで「6年1組　こんなクラスにしたい」を読み返し、どれくらい達成できているかを考え、何が欠けているかをみつけだす作業をしてください。そして、3月の到達にむけて、いま不十分なことを一歩前進させる機会として修学旅行を位置づければ、おのずと修学旅行の目的もみえてきます。

　ぼく自身は、6年1組に、3学期にはぜひ「自分を語るミーティング」をして、卒業していってほしいと願ってます。たとえば「中学校に入ったらどんなことをがんばりたいか」などをみんなで語りあうのです。そこでは、小学校時代、とくに6年生のときの振り返りが求められます。「つらかったこと」などが出せれば、さらにミーティングは深まります。そのなかで、Kさんが自分のことを出せるように、本人もクラスも成長していってほしいなと思っています。

　「グループ化」、とくに女子のグループ化はむずかしい問題ですね。グループの結束を強めるのに有効なのは外に敵をつくることですから、子どもたちは、ほかのグループを攻撃することやときには教師に反抗することで、グループの結束を強めようとします。それが、担任の学級づくりに対する障壁となってしまうので、担任にとっては「グループ化」は難敵だといえます。

　しかし、人はグループを作るものです。そこを無視して、学級づくりの

じゃまになるからと、グループの解体を企図するとかならずしっぺがえしにあい、むしろ学級づくりに失敗します。なので、グループを壊そうとしないこと、「グループになることは悪いこと」だと言わないことが大切です。そのうえにたって、「クラスはグループを超えた存在」だという意識を子どもたちに根づかすことが必要になってきます。

　ぼくが中3で担任したクラスでも、修学旅行の部屋割りで女子はなかなかうまくいきませんでした。そこである日、終礼後に女子だけ残し、みんなで話しあって部屋割りを一から考えなおさせました。そのとき、ぼくが指示したのは、「修学旅行は仲のいいグループで行く旅行ではなく、クラスで行く旅行だ」ということ、「だから部屋割りは、仲のいい者同士だけでつくらないこと、また、一人ぼっちの者をださないこと」、そして、何よりも「全員の声を聞き、全員が納得できるものであること」ということでした。さらに「自分たちの問題なので、自分たちで決めるように」と言ってぼくは話しあいには入りませんでした。

　その結果、「良識派」の声で、部屋割りはうまくいき、いい修学旅行になりました。小6と中3では同じようにはいかないとは思いますが、先生の「思い」をしっかり伝えたうえで、子どもたちに任せてみるのもひとつの方法だと思います。ただ覚悟はいりますが。

　それと、「クラスはグループを超えたところにある」ことを意識させるために、修学旅行に行く前に、「修学旅行中にできるだけたくさんのクラスの人と話す」ことと「帰ってきたら、誰と話したかをアンケートを取ってMVPを決める」というゲーム感覚をとりいれてみてもいいのではないでしょうか（ぼくも中1の宿泊学習でとりいれたことがあります）。

▶タカオ先生から磯野雅治へ……… 2017年10月29日

　返信ありがとうございました。
　参考にさせていただき修学旅行に行ってきました。なんとか乗り越えら

れたかな？という気持ちです。
　11月1日にまた遠足があります。その班決めが再びあります、そこに今回の反省を生かし決めていきたいと思っています。
　また、その班決めがおわってからレポート送らせてください‼

▶タカオ先生から磯野雅治へ………… 2017年11月2日

　こんばんは。無事校外学習は終えることができました。
　班決めの際には、修学旅行の班決めでやり残したことはないか？　反省はないか？と子どもたちに問いかけました。子どもたちからは、行ったのは楽しかったが、行く前に心残りがあると返事がきました。
　そこで、「今回こうしてすぐに校外学習があるのは幸せだね。やり残したことを取り返そう」と声かけをし、まずは何ができていなかったのかを聞きました。
　子どもからの返事は
　1、一部の意見が強すぎた
　2、言いたいことを言えなかった
　3、自分中心が多かった
　4、なんでもいいは困る
でした。
　一部の人の意見が強かったこと、言いたいことが言えなかったことはどちらにも責任があるね、と話し、クラスで大切なのは、目標を達成するために必要なのはみんなの意見と勇気と傾聴だと話しました。そのうえで、自分中心になるのは、なんでもいいといって話しあいに参加しない人もいたからだと話しました。
　その後班決めをしたところ、子どもたちは今回の校外学習のねらいである「いろんな人と関わる」に着目して、修学旅行の人とは違う人とペアを作ろうと言いだしました。こちら側から大切にしたいことを伝えることと、

子どもにねらいを意識させること、学級のあり方を話すことの大切さを感じました。

今回は磯野先生に提案いただいた、関われた相手を覚えておくことも実践しました。MVPまではできなかったものの、その意識ひとつで、学級の関わりあいが増えたように感じました。

「クラスは仲良しグループを超えたもの」を大切にしようと思います!!

また、鏡を再意識させる機会として今回のことを生かしていきたいです。

先生に相談するまではいかにグループ化をひもとくか？なんて、考えてました。危ないところでした!!

▶磯野雅治からタカオ先生へ ……… 2017年11月5日

タカオ先生、修学旅行、遠足とお疲れ様です。

11月2日にいただいたメールの返事です。12月に「クラスは仲良しグループを超えたところにある」ということが、子どもたちにどれだけ定着しているか、楽しみにしています。

ずいぶん以前からですが、クラスの行事などが、一つひとつ個々バラバラで有機的につながってないといわれてきました。すなわち、運動会は運動会、遠足は遠足、児童会祭は児童会祭というように、それぞれの行事を一生懸命につくりあげるのですが、自己完結してしまって、一つの行事から次の行事にむけての課題を引き出す、さらなる学級づくりの方向性を示すということにつながってこなかったということです。これではイベント主義になってしまいます。

その意味では、修学旅行の取り組みで視えてきたクラスの不十分な点を、次の行事である遠足で乗り越えようとしたことは、とてもよかったと思います。とくに、その「不十分さ」を、子どもたち自身で気がついたというところが重要です。

学級づくりの大きな柱となる"活動"である運動会と修学旅行を終え、

一年の折り返し点も済んだいま、4月当初に決めた学級目標「おにぎり学級」の到達度はどれぐらいでしょうね。タカオ先生自身が自分のクラスを振りかえってみるだけでなく、2学期末にむけて、子どもたちにも、このことを考えさせてほしいと思います。とくに、到達度を低く感じている子どもにその理由を問うことで、3学期におけるクラスの課題がみえてきます。3学期、「おにぎり学級」の仕上げにむけてなすべきことを、クラス全体で共有して2学期を終わりたいものです。

　もう一つは、いい雰囲気で2学期を終えるため、12月に何か一つ楽しい学級行事を考えてみてください。「クリスマス会」などもいいかもしれませんね。ぼくも、毎年クラスでクリスマス会をしていました。クラスには6人でつくる班があったので、班ごとの出し物を考え、練習し、発表するというかたちにしていました。そうすることで「仲良しグループ」とは異なる「班」で協力して、一つのものを作り上げる経験をすることになり、「クラスは仲良しグループを超えたところにある」ということを実体験することになります。

　どんなことでもいいので、何かしら「楽しかった」と思えることで、2学期を終わってほしいと思います。

　さて、6年生といえば、小学校6年間の最終学年。その終盤にむけて、タカオ先生は、「どういうかたちで一年を終わるか」というイメージをもっていますか。

　ここからの学級づくりは、そのラストシーンにむかってあみあげていくということになります。担任として、"ゴール"をしっかり見すえてほしいと思います。以前にも提案しましたが、「『どんな中学生になりたいか』をテーマにした自分を語るミーティング」や「クラスの卒業式」などもいいと思います。

　ぼくも「クラスの卒業式」をしたことがあります。卒業式の前日に、教室で一人ひとりがクラスのみんなへのメッセージを述べ、担任のぼくからは、一人ひとりにメッセージカードを作って渡しました。子どもが司会を

するというのもいいかもしれませんね。

　そうした"ゴール"をはっきりさせ、そこにむかって学級づくりをすることがこれからの課題だと思います。ただ中学校の3年生では、この時期から進路選択、受験ということで、ともすれば生徒たちのなかからクラス意識が消えてしまうことがあります。小学校ではそこまではいかないかもしれませんが、私立中学校を受験する子もいると思うので、そういう子たちが欠席する場合も頭にいれながら、3学期の学級づくりにとりかかってほしいと思います。

▶アイコ先生から磯野雅治へ……… 2017年11月15日

　こんばんは。11月の報告を送ります。
　いま悩みに悩んでやっているところです。生活指導もなかなかたいへんです。
　でもがんばってやってます！
　文化祭・体育祭の行事も終わり、生徒会選挙も終え、現在は期末テスト・そして期末懇談に一直線です。
　クラスの状況は、やはり半年も過ぎると中学校にも慣れてきて、いい意味でも悪い意味でも自分のアイデンティティーを出せるようになってきているようにも思います。しかし、ひとつ悩み事が……。クラスには支援学級2人、支援学級には在籍はしていないものの特別支援枠の生徒も数人います。この時期になってそういう生徒こそが人間関係に悩み、クラスに入りにくくなっています。というのも、お互いを理解してきたからこそ、気の合わない仲間には気遣いもしなくなったりするのでしょうか、思いやりのある言葉がけができなくなっていたり、人によって態度を変えたりもします。イジリやキツい言葉もよく耳にするようになりました。しかし、何よりのクラスの課題は「無関心」であることです。支援学級在籍の子はやはり周りに理解してもらい、助けてもらう機会が多くあるはずなのですが、

クラスのみんなが自分に「無関心」である、温かみも何もないクラスだと相談してくる機会が増えてきました。毎日のように、クラスの課題、人としての思いやり、温かいクラスづくりをしようと話すのですが、なかなかすぐには花が咲くことはありません。

　誰にも相談さえできず、自分で抱えこみ、とうとうクラスに入れなくなってしまったKさんは、いま支援学級に通うようになりました。クラスでは欠席しているも同然なのですが、1週間を過ぎても彼を心配する声も聞こえてきませんでした。私もいろいろ悩みましたが、支援の先生とも学年の先生とも相談し、彼のことをクラスで私から相談することにしました。彼が友だちができないことで悩んでいること、中学校のペースになじむのにとても努力していること、支えてあげてほしいということ、私も悩んでいること。クラスの子たちは本当に真剣に私の話に耳を傾けました。すると「家に会いに行こう！」や「手紙を書こう！」などという意見が出てきました。早速、彼の机にB4の紙を置いておくと、終礼までにぎっしりと寄せ書きがされていました。班ノートにも彼を気遣う言葉がたくさん増えています。彼もそれはとてもうれしかったようです。クラスに戻れる一筋の光がみえてきました。

　今回のことだけでなく、いまのクラスの課題は「無関心」だと思います。ふだんの生活でも思いやりのみえない行動、それを見る冷ややかな目がすごく気になります。でも、この時期だからこそ、生徒たちに私も全身でぶつかり、悩んでいることを正直に相談すれば、子どもたちも応えてくれるのではないかと思うこともできるようになってきました。ひとつひとつ解決していきたい、めげることなくぶつかっていきたい、そう思っています。

▶ **磯野雅治からアイコ先生へ** ……… 2017年11月16日

　アイコ先生、こんばんは。
　学級づくりのターニングポイントが視えてきましたね。ここががんばり

どころだと思います。

　11月の報告への返信を送ります。参考にしてもらえればありがたいです。

　学級づくりは、けっして「真っ白いキャンバス」に絵を描くようなものではありません。生徒たちは、それまでの学校生活のなかで身につけた「学級」や「人間関係」に対する考え方をまとって、新しい教室にやってきます。ある子はいじめられた経験からビクビクしているかもしれません。ある子は前年度のような友だち関係がつくれることを願っているかもしれません。またある子は新しい担任がどのような考え方かを見極めようとしているかもしれません。しかも4月当初は、子どもたちは"群れ"状態。それぞれの子どもたちの思いが外に出ることはありません。いわば「クラスのフリ」をしているだけかもしれないのです。したがって、学級づくりは、この状態を壊し、子どもたちの意識をいったんは「真っ白なキャンバス」にすることから始める必要があります。

　アイコ先生のクラスでいま起こっていることは、この「上っ面のクラス意識」がはがれ、生徒たちの本音が出てきたということではないでしょうか。子どもたちの人間関係のあり方には、当然大人社会の人間関係のあり方が反映しています。「他者への気遣いができない」「他者に無関心」といったことは、今日の社会にありふれています。けっして、子どもだけが悪いわけではありません。

　したがって、生徒たちの本音が表れるようになったいまからが、本当の学級づくりをめざす時期だと思います。

　ただし、体育祭や文化祭が終わり、ここからは、生徒たちをつなぐ「つなぎ」の役割をはたすイベントは少ないと思います。だとしたら、学級活動を活発にするしかありません。そして、学級づくりには、課題（目標）をみつけだし、その到達に至る具体的なプロセスを設定することが必須です。

　いま、アイコ先生のクラスでは、「生徒たちがお互いに無関心である」

という課題が視えています。さらに、このことを解決する具体的プロセスをみつけることが次の課題です。よくいわれることですが、「神は解決できる人にのみ、試練を与える」といいます。アイコ先生のクラスでも、この課題を解決する道筋はかならずみつかると思います。

「スローガンではいじめはなくならない」といわれています。「無関心」も同じこと。「無関心はやめよう」「お互いのことに関心をもとう」というスローガンをくりかえすだけでは、生徒たちがお互いのことに関心を抱くようにはなりません。具体的なアクションを通して、生徒たちがお互いのことを知る大切さや楽しさを"体験"することが大切なのです。

いくつか、実践例を挙げておきます。

一つは、生徒全員に「こう見えても、自分は〜だ（できること、趣味、体験など）」を他者に見えないように書かせておき、終礼などで、毎日、または週何回と決めて、何人かのを前に貼りだし、誰かを当てるというものです。

二つめは、「○○さんのいいところ」です。朝の会で、全員もしくは今日は1班といったように指定した人に、「今日一日〜を見ていいところを見つける」という指示を出します。終礼で、それを発表させたり、その紙を本人に渡させたりするというものです。

三つめは、子どもたちに「自分の宝もの」を考えさせ、「なぜ、それが自分の宝ものであるか」を発表させるというものです。中学生ともなれば、「それがなぜ自分にとって宝ものなのか」ということのなかに人生がでます。

アイコ先生自身でもいろいろワークを考えて実践してください。その際、支援の必要な子も一緒に楽しめることがポイントです。

支援の必要な子、「荒れ」ている子など、課題を背負う子への担任の"思い"を子どもたちに伝えるということはとても大切なことです。けっして、関われていない生徒を叱責するのではなく、「関わってくれるようになったらとてもうれしい」という"思い"をしっとりと話すことで、十分に生

徒たちに伝わると思います。

　なので、アイコ先生がKさんのことをクラスで話したことはとても大切なことなのです。そして、アイコ先生の"思い"が伝わったからこそ、生徒たちの行動につながったのだと思います。「案ずるより産むがやすし」ということは、学級づくりのなかではしばしばあることです。

▶タカオ先生から磯野雅治へ……… 2017年12月8日

　修学旅行の報告です。

　修学旅行では、子どもたちがぶつかり、友だち関係に亀裂が入っていたかのように感じていました。そこで子どもたちに「修学旅行はどうだった？」と問いかけてみました。子どもたちの全員が返答してくれたのが「楽しかった」でした。そこで子どもたちに「楽しかったのはいつ？」と聞くと「行って帰ってきたとき」と返答がきました。つづけて「行く前は？」と聞いてみました。すると子どもたちの顔は一瞬で曇るのがわかりました。つづけて「どうして行く前は楽しい気持ちがそこまで出てこなかったのかな？」と聞くと、子どもたちは口々に話し出したので、そこで全体で話す時間をとりました。

　子どもたちからその後出てきた意見は、「誰かの意見が強すぎた」「決めるときに人任せにしていた」「わがままが通るような状況だった」という言葉が出てきました。11月の第一週には校外学習があったので、子どもたちとそこにむけて今回は「行く前もたのしい。行って帰ってきても楽しい」をめざそうと話しました。そこから子どもたちと教室を見直す機会をもちはじめることができました。

　始めに子どもたちと学級会を開き、どのようにすれば今回の目標は達成できるのか考えました。そこで子どもたちは自分たちの悪いところを会議を開いて見直す機会を多くとりたいと言いだしました。そこで、毎週木曜の朝学の時間に私も同伴で会議を開くことになりました。毎週開かれてい

くなかで、いまできていないことを子どもたちは話しあっていましたが、どうも物足りなさを感じていた私は、子どもたちに本音をぶつけてみました。「思っていることも言えていないこの状況がいちばん問題じゃないのか」と子どもに問いかけると、一人の子どもが手を挙げて「いまこのときに下を向いたり、ふらふらしたりしている人はなんなん。自分たちのことやのにちゃんと話そうという気持ちがあんの、って私おもうんやけど」と発言しました。教室のなかで強い口調で言われたこの言葉は、児童たちにとても突き刺さったようでした。

そして校外学習の班決めがきました。どうなるのかとドキドキしていましたが、女子チームは修学旅行のことがうそのようにスッと決まりました。一人ひとりが意思をもって話しあい、お互いなんとか折りあいをつけようとする姿があったからだと思います。

いままでかぶってきていた猫が少しずつはがれてきて、本音で向きあう姿が見えてきました。これが、次はいきすぎず、子ども同士が話しあい、高めあう機会に、この木曜日をしていきたいと思っています。どういうふうに段階を踏んでいけばいいのかが今後の課題だなと思っています。アドバイスお願いします。

校外学習での成功体験を得て、ありがたいことにすぐに児童会祭という大きなイベントがきました。子どもたちは、会議を通しながらおばけ屋敷を完成させていきました。まだまだ友だち関係も十分ではないなか、全員でという気持ちを強くもちがんばる姿に感動しました。終わってみれば大成功で、これは大きな成長のきっかけになっただろうと思います。

前回先生からいただいた助言と、会議の始まりを重ねて告白タイムを行ってみました。子どもたちが自分の課題といいところを言っていく機会として設けてみました。子どもたちは友だちに自分はこうなっていきたいと一生懸命に話しました。中学校にむけてこういう本音をみんなの前で話す機会を多くとりいれていきたいなと思えました。中学校にむけて、子どもたちのステップアップとしてとりいれていきたいと思います。

▶ **磯野雅治からタカオ先生へ**……… 2017年12月11日

　タカオ先生、講演で福岡に行っていたので、返事が送れました。
　次回は冬休みに入ってからでもOKです。楽しみにしています。
　ぼくは、クラスづくりは、とにかく仲良く、楽しくなることをめざす「友に」の段階から、力を合わせてイベントや活動にとりくみ、一体感を感じ取る「共に」の段階を経て、お互いの思いを出しあえ、共感しあい、支えあうことができる「伴に」の段階へと深めていくものだと考えてきました。
　その考えでいくと、タカオ先生のクラスは、「共に」から「伴に」にむかっているさなかにあると思います。
　「修学旅行では、子どもたちがぶつかり、友だち関係に亀裂が入っていたかのように感じていました」とありました。「修学旅行」など、日常の学校生活から離れた時間帯や場所では、子どもが学校で装っているスクールフェイスがはがれ、本来の姿が表れやすいものです。タカオ先生が「亀裂」と感じたのも、むしろ「本音」が出せたと考えるべきだと思います。また、「わがままが出た」と捉えるのではなく、「本音でつながる」学級への一歩だと肯定的にとらえることで、学級づくりを前進させることができるのです。すでに、タカオ先生の学級づくりは、その方向で進んでいます。先生の投げかけで、子どもたち自身が「誰かの意見が強すぎた」など、自分たちのクラスの課題に目を向けられていることは、とても重要なことだと思います。
　子どもたちは、はからずも修学旅行で顔をだしたクラスの弱点や課題をふまえて、校外学習の班づくりや児童会祭のクラス活動にとりくんだようですね。
　タカオ先生が、ここに子どもたちの成長を感じたら、子どもたちを大いに褒めたらいいと思います。「みんなにはすごい力がある」と褒められることで、子どもたちは「自分たちのクラスはいいクラスなんだ」と感じる

ことができます。この自分の属する集団への肯定的感情が、一人ひとりの自尊感情を高めるうえでとても大切なことなのです。

「雨降って地固まる」といいます。「本音をだす」＝ときには雨、それも豪雨になるかもしれませんが、「地を固める」ことにつなげるには、教師の介在が必要になります。子どもたちが感情に流され、「雨降って地が流れる」ことにならないように丁寧な対応が求められます。また、子どもたちには、「相手の間違いを指摘しても、その人の人格を否定しない」ことの大切さを学んでほしいと思います。

「思っていることも言えていないこの状況がいちばん問題じゃないのか」というタカオ先生の問いかけに、「いまこのときに下を向いたり、ふらふらしたりしている人はなんなん。自分たちのことやのにちゃんと話そうという気持ちあんの」と発言した子どもに"拍手！"です。

若いころ、ぼくもクラスで「勉強の苦手な人をクラスでどう支えるか」という話しあいをしたことがあります。そのとき、当の勉強が苦手だと思われていた生徒が、話しあいに集中せず周りとしゃべっていたことに腹を立てたある生徒が、「お前のことを話してるのに、その態度はなんや！」って発言したことで、その話しあいが、いっぺんに緊張したものに変わったことを思いだしました（もちろん、ぼく自身は、勉強が苦手な子が、その話しあいに居心地が悪く、「関係ない」ふりをしていたのであろうことは理解していましたが）。

やっぱり、子どもたちの"力"はすごいですね。教師としては、そのことは信じるべきだと思います。

「告白タイム」、いいですね。それ以外にも、直接的な「告白」でなくてもワークを通して「自分」がだせるような活動、たとえば「自分の宝もの」を「なぜ、それが自分にとって宝ものか」ということを発表しあうというようなことを入れてみるのもいいと思いますよ。最終的な「めあて」である「中学校にむけて」を出しあえるクラスにむけて、タカオ先生のクラスは、確実に「伴に」のレベルに向かっていると思います。ただし、子ども

やクラスの成長はジグザグコースをとりますから、「下り」のときにも、教師が大局観をもって前向きに考えることが大切です。

▶タカオ先生から磯野雅治へ……… 2017年12月28日

　2学期最後のレポートです。よろしくおねがいします。

　以前磯野先生にヒントをいただいていたことから、12月に行事を作ろうと、「クリスマスパーティー」を企画しました。この企画が子どもから出てこなかったのが残念でしたが……（それはこれからの課題でもあるかなと思います）。クラスのなかでグループを作り、出しものを出すことになりました。全部で9チームに分かれて子どもたちの取り組みが始まりました。9チームのうち5チームが漫才ということで、クラスの色が非常に濃く出た楽しい時間になりました。1学期に表情が心配だった、Kさん、Sさんの暗い表情が見る影もなくなっていることに喜びを感じました。

　1学期にいちばん気になっていたこの二人の存在……。Sさんは1学期、ずっと下を見ながら教室で過ごしていました。2学期には、その姿が周りのさまざまな児童との関係のなかで薄れていくのが見られてうれしく感じていました。なんとかしようと本人に関わっていた1学期から、周りの子どもたちと包んでいこうと考えた2学期、どちらの時間もあったからSさんも前を向けたのかなと思いました。Sさんの驚きの出来事を二つあげます。一つは、会議のなかで、手を挙げ、教室の課題を言うようになってきたことです。自分の本音を伝えることが怖いと語っていた本人がそうした全体の場で発言できたことがとても素晴らしいことだと思いました。何がそこまで本人の背中を押したのかがいまいちわかっていないのが悔しいところでもあります。二つめは、授業のなかで、近くの友だちに教えにいく姿がどんどん増えたことです。自分を出すことができるようになった姿を見られてうれしかったです。

　Kさんは、自分の思いを相手に投影するところが多く見られていました

が、いまは笑顔で毎日を過ごしています。相手に対して態度を変えたり、見えないところで感情を爆発させたりすることもありません。Ｋさんにとって、Ｓさんとの一件は自分をみつめるいい機会になったのだと思います。優しい姿をたくさん見られました。

　２学期は、さまざまな行事が盛りだくさんで、そのたびいろいろな山を越えてこられたなと思う反面、もっとうまく関わってあげられたらよかったと反省することも多くありました。前回も相談させていただきましたが、やはり一番の悩みは女の子たちの関わりでした。また、その親同士の関係も聞くことがあり、悩みのタネはたくさんありました。３、５、６年と３年間もっていた子どもたちがみるみる成長していくなかで、見た目の成長と心の成長の差に追いつけず気づいてあげられないことも多くあったな……と思いました。

　このレポートを書くと頭が整理されてよかったなと思います。そして何より、迷ったときに道しるべを出してくださる先生がいて心強かったです。

　３学期にむけて、課題は山積みだなと思いますが、諦めず最後まで子どもたちと６年１組おにぎりクラスをつくりたいなと思いました。

　２学期は本当にどうしていいかわからないこともあったり、忙しさに追われ疲れてしまっていた日々があったり、子どもたちをみつめ直す機会があったり、新しいことに挑戦するヒントをいただいて子ども同士いいところ見つけしたりとさまざまなことにチャレンジできました。

　初めての卒業生を送り出すまであと少しになってしまいました。

　３学期も相談をさせていただけたらと思います。よろしくおねがいします。

　よいお年をお迎えください。

▶磯野雅治からタカオ先生へ………… 2018年1月4日

　タカオ先生、さすがに年末・年始は忙しくて返信が遅くなりました。

いよいよ３学期。「感動的な卒業式」をめざして、仕上げの時期ですね。健闘を祈ります。

　クリスマスパーティーがうまくいってよかったですね。

　ある調査では、いじめの「観衆」になった子どもたちの、その理由の第１位が「おもしろいから」ということでした。いいかえたら、クラスにおもしろいこと、楽しいことがないから、子どもたちが「いじめ」をはやしたてたりして憂さを晴らすのだともいえます。教室が「いじめをしているヒマがない」ほど楽しいこと、おもしろいことにあふれていることはとても大切なことなのです。

　ところで、チーム分けはどうされましたか？　ふだんの「仲良しグループ」でしたか？　それともアトランダムに作ったグループでしたか？　ときには、アトランダムに作ったグループを使ってのイベントを企画することで、「クラスは仲良しグループを超えたところにある」ということが実体験できると思います。

　Ｓさんを変えた要因は二つあると思います。一つは、Ｓさん自身の成長です。会議で自分の考えを出せるということは、自分で自分の殻を破れたということでもあるわけで、ワンステップ成長できたんだと思います。あまり、その理由を深く知ろうと思う必要はありません。もしかしたら、タカオ先生の存在そのものがＳさんに安心感を与えたのかもしれません。

　もう一つは、クラスの成長です。Ｓさんが安心して自分を出せたり、ほかの子に教えることができるのは、そういう行動をとっても大丈夫だと感じることができるクラスだからです。確実にクラスは成長しています。めざすは、Ｓさんだけでなく、どの子も本音を出せて卒業式を迎えることだと思います。

　人は、自分を肯定できたら他者に優しくなれるものです。Ｋさんは、おそらくどこかの時点で、自分のなかにある「嫌な部分」も含めて、自分を受け入れられるようになったのではないでしょうか。これとて、１学期からタカオ先生が寄りそってきたことが大きいと思いますよ。

経験的にいうと、小学校の6年生から中学校の2年生ぐらいに、子どもたちは大きく成長するような気がします。心と身体のバランスが壊れるのもこの時期です。イライラ感がつのり何でもないことに反抗的になることもあります。とくに最近の子どもは、家では「いい子」でいることが多いので、反面、学校で教師にむけて反抗することが多くなっているように思います。
　また、クラスは「生きもの」で、「よいとき」もあれば、「不調のとき」もあります。一直線に成長することのほうがまれです。山あり谷あり、谷が長く続くこともあります。
　ぼくも若いころは、「なぜうまくいかないんだろう」「なぜ自分の気持ちが伝わらないんだろう」と思ったときがあります。でも、いつのころからか、3学期になれば、最後には、ある程度は自分が思ってきたクラスになるもんだ、と楽観的に考えられるようになりました。それは、子ども自身のなかにも「いいクラスで終わりたい」という気持ちがあるからです。
　したがって、「谷」のときには、あせらず、くさらず、我慢の時間帯だと考えてきました。タカオ先生のクラスも、いろいろなことを越えて、3学期には、当初の「めあて」に近いクラスになっていると思いますよ。もちろん、あきらめないことが大切なのはいうまでもありません。
　いよいよ3学期、卒業式もすぐにやってきます。「卒業式は最後の授業」といわれていますが、その意味は、この一年間の取り組みの結果が卒業式に表れるということです。
　では、子どもたちにとって「いい卒業式」とは、どのようなことでしょうか。一つは、子どもたちが、中学校生活にむけて「希望」と「やる気」をもって当日を迎えられるということです。二つめは、クラスの質が高まり、「このクラスと別れがたいな」という気持ちをもちつつ卒業式に臨むということです。
　したがって、この二つが3学期の学級づくりの「めあて」ということになります。

一つめのためには、以前にも述べましたが、文集づくりでも発表会でも、どんなかたちでもいいですから、「1年間を振りかえって、中学校への希望を語る」取り組みをめざしてほしいと思います。
　二つめのためには、子どもたちの話しあいで「クラスでまだ不十分なこと」を出しあい、一つにしぼってその克服をめざすということも有効です。それが具体的に視えるプロセス、活動を考えてみてください。
　こうした取り組みで、「感動的な卒業式」になることを願います。

▶アイコ先生から磯野雅治へ ……… 2018年1月15日

　遅くなりましたが、1月2週目のご報告をお送りします。
　3学期の始まりです。以前とは違って「チャレンジテスト」なる統一テストがあるおかげで、クラスでは長期休みの雰囲気を楽しむ余韻は一切なく、まだ考えるにはまだまだ先である高校入試に関わってしまう！と気持ちを引き締めている様子が見られました。なんだか1年生からかわいそう……と思いながらも、落ち着いた状態でスタートできることに安心しました。
　1学期、2学期と、どうすればよくなるのか、と悩んだかいあってかどうかはわかりませんが、かなり落ちついてきたように思います。
　学年では陰湿な物隠しや、いたずらがちょこちょこ出てきてはいるのですが（これはこれで学年団は頭をかかえているのですが）、クラスで話をするとしっかり受けとめてくれるような表情を見せるまで、成長してくれていると感じています。
　クラスの課題として、3学期は2年生になるための0学期だ、ということで、あたりまえのことをちゃんとがんばれるクラスにしていきたいと思っています。2年生というステージをしっかりとこのクラスがひっぱって支えていけるようにという願いは日々伝えています。
　うれしいことは、以前から気になる生徒の一人であった、支援学級在籍

のKさんが2学期の終業式からクラスに入れるようになったことです。クラスや、班の子たちが粘り強くプリントを届けたり、授業に誘ったりしたのもあると思います。クラスでがんばってみようと思えたことがとても大きく、クラスのなかでも優しく接してくれる子もいますので、この状態を続けていけるようにいろいろな工夫をしていきたいと思います。

　1月の取り組みとして、生徒集会で今日、校長先生が「思いやり」について話をされました。日々感じた思いやりをみんなで共有できるよう、「思いやりの木」（模造紙に幹を作って、子どもたちが日々感じた思いやりの言葉や行動を葉っぱに書いてどんどん葉をつけていく）週間を明日から始めようと思います。たくさん実ればいいなと思っています。1月末から新班形成のための班長会議も始まります。もっと自覚をもって、ごおんを忘れないクラスにしていきたい、そう思えるスタートです。

▶磯野雅治からアイコ先生へ……… 2018年1月18日

　3学期のいいスタートが切れてよかったですね。この3学期をアイコ先生のいうように、「2年生への0学期」と捉えるなら、そこには、「1年生で何ができて、何ができなかったのか」という振り返りが必要になってきます。

　昨年4月の学級びらきで、生徒たちに示された「温・ON・御・音・恩」の五つの「おん」は、現時点では、どれぐらい達成できているのか。新しい班ができたら、生徒たちと一緒にその振り返りにとりくんでほしいと思います。

　そのうえで、まだ不十分なことを、いくつかにしぼって、3学期のクラスの課題にすえれば、それが、2年生への0学期、すなわち、2年生にtake offするための滑走路になるのではないでしょうか？

　「1学期、2学期と、どうすればよくなるのか、と悩んだかいあって」ということですが、種をまかなければ花は咲きません。そういう意味では、

ここまでくりかえし生徒たちに提起されてきたことが、つぼみから花になりかけているのだと思います。ぼくは、長い教師経験で、いつのころからか、「ずっと言いつづけたことは、最後には形になるもんだ」という思いをもつようになり、途中でうまくいかないときがあっても、「そのうちなんとかなる」と楽観的に考えられるようになりました。
　アイコ先生のクラスの状態が、「芽が出てきた」状態なのか、「つぼみ」の状態なのか、「花が咲いた」状態なのかは、先生の判断によりますが（それを「クラスをよむ」といいます）、ぜひとも「花を咲かせる」ように、あと２カ月の課題を設定してください。
　Ｋさんが教室に入れるようになってよかったですね。やはり、生徒たちの関わりが大きかったのだと思います。
　「居場所がある」ということは、じつは頼れる人（人たち）がいるということなんです。その意味では、Ｋさんが教室に入れるようになったということは、彼が頼れる関係が生徒たちとの間にできつつあるということで、そのことは、またほかの生徒同士の関係も密にしたのではないでしょうか。「Ｋさんが教室に入れるようになったことで、ほかの生徒がどう変わったか」という視点で、クラスをみつめなおしてみてください。きっと、ほかの生徒たちも成長したと思いますよ。
　そのほかにも、４月当初に、アイコ先生が「気になる生徒」として挙げていた、Ｈさん、Ｔさん、Ｍさんの"今"はどうなのでしょう。この３人が、クラスのなかでいまどういう状況にあるのかということが、クラスの現時点での到達点を示しているかもしれません。
　学級づくりにおいて大切なことは、「課題を背負う子にこだわる」ということです。Ｋさんも含めて、先生が「気になる」とした生徒がクラスのなかで、どういう状況になってクラスを締めくくるかという「最終到達点」とそのためのプロセスを考え、実践することが、「いいクラスの終わり方」につながると思います。
　校長先生の「思いやりを大切に」という話は、学級の「仕上げ」にぴっ

たしですね。アイコ先生が、すかさず「思いやりの木」という実践を始めたのもとてもいいと思います。学級目標「ごおん」の一つ、「温」があふれたクラスをつくる取り組みと位置づけてください。

　ただ、こうした取り組みは時間が経つにつれて「形骸化」することも少なくありません。それを避けるためには、「形骸化」の芽を見逃さず、そのときに、いま一度「温」に結びつけて「思いやり」について話をする準備をしておくこと、また、おそらく教室でおこるであろう、「思いやり」とは真逆の出来事を題材にして、「本当の思いやり」とは何かということをみんなで考えあうということがポイントになります。

　この取り組みを通して、クラスが「温かい（ぬくたい）」クラスになればいいですね。

▶アイコ先生から磯野雅治へ………… 2018年2月9日

　1月の4週目の報告がたいへん遅れました‼　本当にすみません。いまからでも間にあいますか……。

　タカオ先生の報告と近くなってしまうので、申し訳ありませんが、よろしくお願いします。

　1月前半のご助言、ありがとうございました。後半の報告が2月に入ってしまったことをお詫びいたします。すみません……。

　クラス目標の「ごおん」の達成は、2月に入ってしまいましたが、あと1カ月の課題としたいと思います。

　さて、2月から新しい班にかえるために班長会議をおこないました。今回は班長の選出にも時間をかけ、いまのクラスの課題も私なりに伝えたうえで、班を作っていきました。

　私はクラスを過大評価していたのか、3学期に入って、「いや、ちょっとうちのクラスかなりよくなってきてるんちゃう？」と思っていたその自信がボキーッ！と折られてしまうことがありました。それは、「好き嫌い」

です。中学生ですから、多少は仕方ないのです。それはわかっていても、嫌いな子の机を運ばない、とか、バカにして笑う、とか、班学習に協力しない、とか、そんなあからさまな「嫌な雰囲気」を察知することが増えました。私はふだんから「人として」の「心」について話をしてきたつもりです。でも表情が暗くなって、嫌な顔にどんどんなっていく、そんな子どもたちの状況を見て見ぬふりはできません。しかし、その場その場で個人でも全員にも声をかけて話をしているつもりでも、それが届いているような感触がありません。

　Kさんは、ちょっとしたことだったんですが、彼のストレスとなっているHさんとのことがきっかけで、またクラスには入れなくなってしまいました。Mさんも相変わらずSNS上でしか生きていけず、さらにトラブルがあるとまた学校への思いは遠くなります。

　Hさんは、いよいよ勉強もまったくついてこれなくなり、自分を守るために人を傷つける威嚇を続けています。もちろんトラブルは絶えず、彼の言動で学校を休んだり、心をいためている子もいて、少しずつ仲のよかった友だちも離れてきてしまっています。Tさんは家庭の問題もあり、いよいよ医療機関にもお世話になりながら、なんとか学校の生活をがんばっています。きっと、みんな自分ではどうしようもないようなしんどい思いをかかえながら、日々を送っているように思います。クラスのほかの子でも、"しんどい"子はたくさんいて、つくづく、自分がクラスの生徒たちにどれだけ寄りそえていたのか、これから1カ月でどう付きあっていくのか、いまになってわからなくなってきた、というのがいまの正直な心情です。

　結局、子どもたちが子どもたちでしっかり関係を築き、支えていくということがいまになってできなくなってきていると感じる、この現状をなんとかしたいと思っています。いろいろな先生と相談して、嫌いな子を好きにならなくてもいいから嫌いじゃないところをみつけて、と班長にも全員にも語りかけました。人として、心をもって生きていくために、いま、訴えるものがないかと模索中です。

ちなみに、この課題はクラスだけでなく、学年の課題として挙げられると感じています。どうしても、関係が希薄である、感情が希薄である、そういう集団であると感じずにいられません。この学年であと2年は過ごしていきます。もうすぐクラス替えもあります。この仲間たちと、心温かく接してほしいと思います。
　今回は、ご報告が苦しいものになりました。またご助言を頼りにしています。

▶磯野雅治からアイコ先生へ ………… 2018年2月10日

　アイコ先生、返事が遅くなりました。
　寒い日が続きますが、「熱い心」で乗りきってくださいね。
　先生のメールを読んで、「ありのままの子どもの姿が現れてきたな」と思いました。
　学級づくりというのは、けっして、真っ白いキャンバスに教師が絵の具を塗るようなものではありません。子どもたちは、それまでの生い立ちや小学校生活を通して、それぞれが自分の色をもって教室に集まってきたのです。そのことを無視して、教師が自分の色を上塗りしても、時間が経つにつれて、子ども自身の色がにじみ出してきます。
　いまのアイコ先生のクラスはそういう状態ではないでしょうか。「よくなってきたクラス」が崩れ出したのではなく、子どもの本音が現れはじめたと考えるべきです。本当は、ここからが学級づくりの本番なのです。むしろ、本当の学級づくりに向かえるチャンスが訪れたと考えてください。
　ここから、現れはじめた個々の生徒の色を、ていねいに混ぜ合わせたり、アイコ先生の絵の具で和らげたりしながら、クラスが「ごおん」色に輝くようにしてほしいと思います。
　人を育てるには、「トップダウン」と「ボトムアップ」が必要です。「知識」には先人からの積み重ねをトップダウンで伝えることが必要ですが、

いわゆる道徳や感情といったものは、「正しい」ことをトップダウンで教えこむだけでは、生徒の心を揺り動かしたり、定着させることはむずかしいものです。
　Kさん、Hさん、Mさん、Tさん、いずれも根底には、自尊感情の低さがあると思われますが、自尊感情こそ、いくら「自分を好きになろう」とトップダウンで話しても高まるものではありません。アイコ先生自身もされているように、彼・彼女たちに寄りそいながら（それがいちばん大切です）、ワークショップなどの実際行動を通して、自分を肯定できるようなボトムアップの取り組みが必要なのです。
　残された時間は少ないですが、ぼくなら、いま、自分がクラスの現状に対して思っていることを生徒たちにぶつけてみます。もちろん、これは「賭け」でもあります。でも、担任としての真剣な思いをぶつけずに、クラスが好転することはむずかしい段階にきているような気もします。
　その後、一人ひとりの生徒が、クラスの現状をどう思っているかを話させます。かならず、全員に話させます。もちろん、ちゃんと発言できない子もいるだろうし、話があっち行きこっち行きしてまとまらないかもしれません。でも、全員に話させます。
　そして、最後に、クラスの現状をふまえて、修了式まで、みんなでとりくむことを一つ決めます。アイコ先生から提起してもいいと思います。
　以前、ぼくのクラスで「クラスの最後の課題」を話しあったときに、「男女が話せてない」ということになり、そこから、男女混合のクラスレクリエーションなどをやったことがありました。
　アイコ先生のクラスでも、「好き嫌い」があっても、クラスみんなで何かにとりくんで1年を終えてほしいと思います。
　その他、お互いをもっと知りあったり、自己肯定感を高める取り組みとしては、「自分新聞を作る」「班員のいいところをみつける」「自分の宝もの」といった実践があります。もちろん、アイコ先生が独自に考えたアクティブがあれば、もっとよいと思います。何か、ボトムアップになる取り組み

で、生徒たちが「楽しかった」と思えることが、教室の空気を変えることにつながると思います。

　ここはがんばりどころですよ。あきらめず、粘り強く。

▶タカオ先生から磯野雅治へ………… 2018年2月11日

　3学期が始まりました。卒業までも後24日と非常に少なくなってきています。以前先生からいただいた助言のように、3学期は、子どもたちが4月に思い描いていた学級をつくるために日々奮闘しています。中学校の進学で校区の弾力化が認められていることもあり、保護者同士、子ども同士の昔ながらの関係を意識して、そこから脱するために校区外の中学を選ぶ子どもがでてきました。しかし幸い、その子たちは、少しギクシャクする部分もありますが、お互いが排他的な態度をとることもなく過ごしています。担任としては、少しさみしい部分もありますが、家庭の関係が出てきてはどうもたちいりがたく、もどかしいものです。しかし、周りの子どもたちがそこらへんも感じながら楽しく過ごす姿にとても救われています。

　卒業を見すえたこともあり、子どもたちから31個（子どもの数と担任で31）の願いを毎日一つずつ叶えてほしいということが上がってきました。非常におもしろい提案だなと思い、さっそく準備してとりくみました。それが毎日の子どもたちの楽しみとなり、共通の話題で盛り上がっています。

　会社活動で、ビフォーアフター会社というものが設立されました。その会社はなんと、学校の廃材から椅子を作るということをしたいということでした。子どもの発想とは実に自由で豊かだと思いました。すぐに校務員の方に協力を要請し、とりくみました。かかること1カ月、教室に雑談するための長椅子ができました。子どもたちの提案から生まれた憩いの場というものができたこと、うれしかったです。

　来年度から始まる教科化にむけて、毎週の道徳のなかで、評価をつけて

みようという提案を学校で行いました。それにむけて毎週の道徳を深めることにいまいちばん力を入れています。「考え議論する道徳」にむけてどういう取り組みをしていこうか考えていますが、とてもむずかしいです。来年度にむけて、いま励んでいます。

▶磯野雅治からタカオ先生へ……… 2018年2月13日

　タカオ先生、こんにちは。返事が遅くなってしまいました。
　卒業式まで、約1カ月。もうひとがんばり、クラスをアップする取り組みを考えてみてください。
　通学区域の弾力化を使って、おもに「クラブ活動」を理由にして、本来の通学区域以外の中学校へ行く子どもがいます。そのことが、小学校6年生のこの時期の学級のまとまりに影を落としていることは、多くの小学校の先生が指摘しています。ただ、小学生の場合、本人というより保護者の意向が強いので、子ども自身に「なぜ？」と問いかけるのはむずかしいかもしれません。
　制度ができた当時は、「まったく自由に選んでいい」というように「誤解」した保護者も多く、たくさんの子どもが校区の中学校を避けて、ほかの中学校に進学する事態が生まれました。ただ、いろいろなところから批判が出て、教育委員会が厳格に対処し、理由にあげたクラブに本当に入部したかの追跡調査をするなどした結果、現在では、校区以外の中学校を選択する子はごく少数になっています。
　しかし、ほかの中学校に行くために、「○○クラブに入りたいから」と子どもにうそをつかせる保護者がいて、12歳の子どもにうそをつかせることがいいことなのか、弾力化そのものを廃止する時期にきていると思います。
　子どもたちの想像力は、われわれを超えますね。「31個の願いを毎日一つずつ叶える」なんて、とっても素敵な発想です。そのことで、最後まで

クラス意識を持続させることができるいい取り組みだと思いました。かならず、全員の分を叶えてください。

「会社活動」っていいですね。班や係というのは、「配り係」のように、いわば教師の仕事の下請けのようなものが多いものですが、子どもたちが、自らやりたいことで有志を募って「会社」を作るというところが素晴らしいと思います。

かつて、大阪では、「集団と文化創造研究会」という実践サークルがあって、メンバーの教師たちは、クラスで小動物を飼ったり、農園で作物を作ったり、また生産物を販売したり、資金を集めるためにバザーをしたりという取り組みをしていました。わが市では、K小学校に熱心な教師がいました。そして、そのなかで、子どもたちは、さまざまな問題にぶつかり、悩み、意見を出しあい、行動を起こしたりしながら、それを解決することを学び合い成長していったのです。できたらその実践記録（園田雅春『ドラマのある小学校6年生』明治図書など）を読んでみてください。

タカオ先生のクラスの「会社」も、そうした発展を遂げてほしいですね。

道徳における評価は、本当にむずかしい問題ですね。道徳教育を、たんに現在の社会の規範やルールを子どもたちのなかに内在化させるためだけのものにしてはならないと思うし、教師の側だけが「正義」をもち、そこにそぐわない子どもの考えを低く評価することもあってはならないと思います。

タカオ先生なら、「星野くんの二塁打」をどう実践しますか、公的な指導案では、監督のサインに従わなかった星野くんを「否」として、決まりやルールに従うことの大切さを導き出す教材のようですが。

いま、大きな社会問題になっている「森友・加計問題」で、上司の意思を忖度し無批判に「ウソ」をつきつづける官僚の姿を見ていると、ぼくは、人としての正義を貫くためには、組織の決まりを脱しなければならないこともあるような気がします。

学校での道徳教育が、「決まりやルールは守るもの」ということを、内

容ぬきに教えこむものであってはならないと思います。

　子どもも教師も、共に人として成長できるような道徳の中身をぜひつくりだしてください。

　卒業まであと1カ月になりました。できたら、この一年をふりかえって、中学校にむけて前向きな意識を共有できるような、「自分を語るミーティング」ができたり、卒業文集が作れたらいいですね。そこに、校区外の中学校に進む子どもの考え方や気持ちが表れると内容の深いものになると思います。卒業式当日の夕方まで、いや3月31日まで、学級づくりの手を緩めることはできません。

▶タカオ先生から磯野雅治へ………… 2018年3月4日

　こんばんは。遅くなりすみません。

　1年間お世話になりました。最後のレポートを送らせていただきます。またお会いしてお話しできる機会があればうれしく思います。

　子どもたちのなかには、中学進学関係でしんどい思いをしている児童もいましたが、その峠も越えつつあります。そんななか、子どもたちに自分を語る時間をとってみました。お題は「自分の将来」でした。将来の夢を語る児童もいれば、中学校でしたいことを語る児童もいました。印象深かったのは、6年生での感じた気持ちや、成長できたことを大切にしたいと考える児童の多さでした。また、「人に魅せられて夢をもつ」という話を子どもとしているとき、児童から先生に出会って教師という夢をもったと言ってもらったときには、この仕事の温かい部分にふれた気がしました。見返りを求めてはいけないと思っていましたが……見返りはやはりうれしいものです（笑）。

　卒業にむけて、子どもたちが自分たちで一つになろうとしている姿を見ることができ、本当にうれしい毎日です。残りの日々は、卒業練習に追われる毎日となりますが、ここからのもうひと押しはあくまで、子どもたち

の願いを中心にしていきたいと思っています。

　４月に子どもたちが立てた学級目標の達成度は、90％といったところでしょうか。子どもたちは100と言っていましたので、子どもたちは満足して卒業していけたのかなと思っています。しかし、担任としては、最後に一人の児童が校区外の中学に進むことを決めたことから、子ども同士の友だち関係を修復しきれなかった悔しさがあります。もちろん教室では、その二人も協力していて、仲良しグループの枠は超えてくれていたと思います。

　この６年生の始めの大きな出来事は、ＫさんとＳさんの一件からでした。いま思えばあのときから、子ども同士の関係をみつめ直すことになったのだと思います。あのとき、磯野先生からいただいたアドバイス「寄りそい、気持ちを受けとめ、成長のチャンスにしていく」が、子どもたちと関わるうえでの自分の軸になりました。Ｓさんから、「先生は平等に見ていない」というようなニュアンスの言葉をかけられたこともありましたが、粘り強く関わるなかで、卒業式では、「先生のクラスでよかった。先生はほかの先生がしてくれないことをたくさんしてくれた」と言ってくれました。彼女自身が自分に自信をもてたことも話してくれました。Ｋさんはこの一件以降友だちと大きなもめ事もなく過ごしていました。最後に、１対１で話をしたときに彼は、自分のなかで考えて動くようになったという言葉を言っていました。この１年間は、一難去ってまた一難と次から次へと問題が起きたように感じます。その都度子どもたちと向きあい、話をし、考えていくことで、子どもたちとの１対１の信頼関係も強いものになっていくことを実感できました。マイナスに考えるのではなく、成長のチャンスだということは、子どもだけではなく、自分自身にとってもそうだったのだと強く感じています。

　新卒から４年目の１年間、この仕事は良くも悪くも正解はないのかな？と感じていました。そんななか、正解ではなく、自分の思いにむけての道

しるべを示していただき、自分なりの正解をみつけていくことができました。磯野先生からいただいたメール1通1通は、自分の考えに自信をもてたり、次はこうしてみようという選択肢を増やすきっかけとなったり、子どもとの信頼のベースになったりしていました。あらためて、先生という仕事は、自分一人の思いを突きつけるのではなく、たくさんの人の考え方のなかで、力がついていくものだと思いました。

　子どもたちとの最高の思い出を胸に、自分自身の大きな飛躍の年にできたのではないかと思っています。大きなチャンスをいただけたこと、大きな成長を後押ししていただけたこと、心よりうれしく思っています。

　来年度は、どこをもつことになるのかわかりませんが、6年生にはこうなっていてほしいという思いをもってその子どもたちとも関わることができそうです。また、目の前の児童の姿をしっかりと見つめ、寄りそっていきたいと思いました。すぐに成果を求めるのではなく、今年のように長い目で子どもたちと関わっていけるようになりたいと思いました。

　1年間本当にありがとうございました。

▶磯野雅治からタカオ先生へ………… 2018年3月5日

　タカオ先生、こんばんは。
　一年間、お疲れ様でした（まだ終わっていませんが）。
　いよいよ卒業ですね。卒業式とは、その学校における最後の授業だともいえます。その意味では、卒業式のなかにこの一年が凝縮されているわけで、子どもたちが、この一年をふりかえりながら、中学校生活にむけて希望をもって臨める卒業式であってほしいと思います。
　あと2週間足らず、学級づくりの手綱を緩めず、何かしら最後の仕上げの取り組みを考えてみてください。いろいろ忙しいでしょうけど、「クラスの卒業式」なんていうのもいいですよ。毎日、何人かが「クラスのみんなへの一言メッセージ」を言い、全員が言って卒業式を迎えるのもいいか

もしれません。

　「自分を語る」取り組みができてよかったですね。それだけ、クラスの質が深まっていた証拠だと思います。レポートには書かれていませんでしたが、Ｋさんをはじめとする課題を背負う子は、どのような「自分の将来」を語ったんでしょうか。彼らが、自分の思いを語り、将来を語れていたのなら、この一年の学級づくりはとてもうまくいったのだと思います。

　教師としての自分の姿を見てきて、「教師になりたい」と考える子がでてくるなんて、教師冥利に尽きますね。ぼくにも、府内の各地で教え子が教師をしていますが、ときには同じ学校で勤務したり、研修や学習会で出会ったりするとうれしいものですよ。

　プロ野球なら「キャンプ」がありますね。その年をふりかえって、反省点をはっきりさせ、新年度の課題にむけて、身体や技術を鍛えるというのが目的です。

　ぼくは、以前から、教師も春休みには「キャンプ」をするべきだと思っていました。一年をふりかえり、反省点をはっきりさせ、よかったことはさらに継続していけるように、また、理論的な面を学び直すということが目的です。

　実際にキャンプをするかどうかは別にして、学校現場では、きちんとした振り返りもせず、「さあ、一年は終わった。また４月からがんばろう」ということで終わってしまっているような気がします。そうではなくて、春休みにはしっかり一年をふりかえってください。

　ぼくは、毎年「去年より、この点を新たにやってみよう」ということを一つみつけることにしていました。タカオ先生も、この４月から、今年度に加えて何か新しいことを一つはしてみてください。

　岡村昭彦さんという、かつてベトナム戦争ですぐれた報道写真を世界に発信したカメラマンは、じつはカメラマンになった当初は、プロ仕様のカメラのフィルムの入れ方を知らなかったそうです。そのことを同僚のカメラマンに揶揄されたときに、岡村さんは「フィルムの入れ方は知らなくて

も、誰にレンズを向けるべきかは知っている」と答えたそうです。

　われわれ、教師の世界でいうなら、「フィルムの入れ方」とは「教師としてのスキル」といってもいいかもしれません。「誰にレンズを向けるか」ということは、教師が誰に寄りそうかということで、「課題を背負う子に寄りそう」ということを意味しているのだと思います。

　すなわち、「スキル」をみがくという捉え方ではなくて、「課題を背負う子に寄りそう」という教師としての姿勢を、とりわけ若い間にしっかり身につけてほしいと思います。

　この一年をふりかえるときにも、まず「課題を背負う子に寄りそえたか」「彼・彼女らの『よさ』を引きだせ、前向きに考えられるようにできたか」「彼・彼女らとクラスの子どもたちとをつなぐことができたか」という視点でふりかえってほしいと思います。

▶アイコ先生から磯野雅治へ……… 2018年3月21日

　いつもいつも報告が遅くなり本当にすみません……。
　へろへろですが、がんばってます！
　とうとうこの時期がやってきました。3月はほとんど休みがなく、偶然遭遇した卒業生に「めっちゃ疲れてるやん！　機嫌悪いときに授業する顔になってんで！」と言われました。別に機嫌が悪くなっているわけでも、疲れているつもりでもないのに、「なんかあったら話聞くから！」と言ってくれるかわいい卒業生。自分自身の進級を何よりも心配してくれ……と思って、別れました。あと少しのがんばり！と、あたかもメロスになりきって走っているところです。

　クラス全体はかなり落ち着いてきたように思います（それでもほかのクラスよりはガチャガチャしていますが……）。元気いっぱいの男子たちはもう少しのクラス生活を惜しんでいるようで、暇さえあれば私のそばを離れず憎まれ口をたたいては叱られています。

前回の先生のご助言から……班長会議を開き、残りのクラスをどう過ごしていくかを考えました。そこで「思いやりが必要だ」という意見にまとまり、班長が各々の思いとともに「思いやり」と書いた模造紙を教室に貼っています。班長として、クラスの課題にむきあい発信し、改善していくという作業を２年生でも続けていきたいです。

　クラスに入りづらくなり、入れたり入れなくなったりをくりかえしていたＫさんは少しずつクラスに戻ってこられるようになってきました。Ｈさんは、周りが大人になってきたのもあって、ただただ幼いからかいや遊びでは友だちを引きつけられないということをわかってきたのか、いまは友だちが離れないように必死になっているように思います。周りの子が、「こいつとはやってられへん」や「こいつのやっていることはおかしいな」と感じ、自分が正しいほうへと自らを導けるようになってきたことはいいことですが、Ｈさん自身が浮いてくる日が近づいているようで不安です。Ｍさんは結局インターネット上でのトラブルからクラスには入れていませんが、母親のはたらきもあり、２年生からは別室登校というかたちでがんばる予定です。いちばん深刻なのはＴさんです。医療機関にもかかってはいますが、本当に３学期は情緒不安定でたいへんでした。これから彼とどう付きあっていくか、学校としても担任としてもよく考えているところです。

　のこり本当にわずかとなりました。一部の女子の反抗期が最後の最後に気になっています。彼女たちとも寄りそって、最後いいかたちで２年生につなげていきたいと思っています。

▶磯野雅治からアイコ先生へ……… 2018年3月21日

　アイコ先生、こんばんは。今日の報告メールの返信を送ります。
　あと２日、クラスの仕上げにワンポイントの味つけを考えてください。
　レポートには、「ほかのクラスよりガチャガチャしています」とありますが、以前に、アイコ先生のクラスの授業を見せてもらったときに、先生

と子どもたちの関係はとても好ましいものに思えました。先生も笑顔で、けっして抑圧的でない態度で子どもたちに接していたし、子どもたちも、軽口はたたいていても、先生を信頼していることはみて取れました。こうした教師と子どもたちとの関係は、学級づくりの基本だと思います。見た目に「落ち着いて」見えるのが、かならずしも「いい」とはいえないし、「いいクラス」だともいえないものです。

　3学期は、学級づくりの柱となるような大きなイベントもなく、子どもたちや、ときには教師のなかにも、「もうすぐ終わりだ」「後は問題なく終わればいい」という意識が生まれやすいので、1学期、2学期と築いてきた、せっかくの「クラス意識」が逆に緩みやすいものです。なので、修了式当日に、どんなかたちでクラスを終わらせるかというイメージをしっかりもって、そこに向かっての取り組みを最後まで続けることが大切になります。「終わりよければすべてよし」というのは、「終わりにこそ、それまでのすべてが凝縮して現れる」という意味なのです。

　アイコ先生のクラスでは、班長会議で、「思いやりが必要だ」ということになり、そのための活動の一つとして、「思いやり」と書いた模造紙を貼りだしたとのこと。それは、先生が4月に掲げた「ごおん」の「温」「御」「恩」にもつながることだと思います。

　できたら、22日の終礼時にでも、その「思いやり」がどの程度できたのか、子どもたちに問いかけ、それを基に、修了式後のHRでの、先生の「まとめ」の言葉にしたら、いい「学級じまい」になるのではないでしょうか。

　アイコ先生が、4月当初に、「課題を背負う子」として挙げられてた、Kさん、Eさん、Mさん、Tさんにとって、この一年はどのようなものであったのでしょうか。また、クラスの子どもたちとの関係は、どう変わっていったのでしょうか。もちろん、先生が一年を通して、つねにこの4人にこだわりながら学級づくりを進めてこられたことは、毎回のレポートで知ることができましたが、一年が終わったいま、一年をふりかえって、先

生と4人との関係で、また4人とクラスの子どもたちとの関係で、「めざしたこと」「できたこと「でききれなかったこと」をまとめておくことが、今後の糧になると思います。次回のレポートで、ぜひその点を聞かせてください。

さて、4月にたてられた「めあて」の「ごおん」は、修了式を迎えて、どの程度到達できたのでしょうか。ある程度できたとしたら、それは何によるものか。また、やりきれなかったとしたら、それはなぜか。そうしたことをしっかりふりかえっておくことが、教師や担任としてのパワーアップにつながると思います。また、ふりかえることのなかから、来年度の課題も視えてくると思います。この点についても、次回のレポートを書く際に考えてみてください。

ぼくは、若いときにはできませんでしたが、ある程度の歳になってからは、春休みに一年をふりかえるようにしていました。そのなかで、4月からの新しいクラスでとりくむことを何か一つみつけ出すようにしてきました。どんな小さなことでもいいのです。それが、マンネリを防ぐことにつながるし、パワーアップにもつながったと思っています。

アイコ先生も、ぜひ春休みに一年をふりかえって、新年度の課題をみつけ出し、4月を迎えてほしいと思います。

▶アイコ先生から磯野雅治へ………… 2018年3月31日

1年をふりかえって。

とにもかくにも光の速さで駆け抜けた1年でした。いま考えてみれば、毎日毎日クラスの子のことで悩んだり喜んだりしていました。クラスは40人学級のうち2人が支援学級在籍、7人が特別支援対象生徒で、これはどのクラスより多い数字で、よくぞこんなに集まったな、と思うようなクラス編成ではありました。毎日トラブルは絶えず、指導、指導……そして全体に訴えて訴えてをくりかえしてきました。本当に疲弊し、悩み苦し

むこともありましたが、担任の私よりも、毎日6時間その子たちと付きあい、関係を築きあげてきたクラスの子たちが素晴らしかったなと思います。(いや、当然のことなんでしょうけれど)。私のネチネチとしたなが〜い話を朝礼と終礼と毎日聞きつづけたことは本当に偉かったです……(笑)。

　はっきりいって、うまくいったな、と思う1年ではありませんでした。なぜなら、私が年度当初に掲げた「ごおんを大切にできるクラス」にはまだ遠いと思っているからです。しかし、3学期の最後の個人反省の際に自己評価をさせてみると、クラスの子の大半はそこそこ達成できたと思えているようでした。私から見るとまだまだやんか、と感じることでも、もしかしたら子どもたちは日々の生活のなかで、友だちにやさしい言葉をかけるように意識したり、自分を少しずつでも表現できるようにはなっているのかもしれません。3学期は指導もぐんと減りました。あれだけ頭をかかえていたイジリも少なくなり、全員が誰かに関心をもち、いつも誰かと寄りそえる関係になれていたと感じています。終業式の日に、この「ごおん」は1年限りのことでなく、2年生になってもこれからもずっと続けてほしい、と伝えました。思いやりや感謝の念、人を尊敬できる心などは上限があるものではないので、ずっと意識を続けてほしいと思っています。

　レポートの冒頭にも申しあげたように、私にとってももちろん子どもたちにとってもけっして楽な1年ではなかったと思います。しかし、私がここまで子どもたちとがんばってこられたのは、子どもたちが私と関係をしっかり築こうとしてくれたこと、そして何より、保護者の方と学校とが同じ方向を向き、チームを組んでくださったことが大きいと感じています。今年はとにかく、「関わること」を意識した1年でした。教師という立場ではありますが、同じ人間として生徒と対峙し、誠実に付きあってきたつもりです。弱いところも情けないところもたくさん見せてきました。自分のダメなところは生徒たちに力を借りて乗り越えてきました。子どもたちもそれに応えてくれました。アホなことも一緒にいっぱいやりました。やさしさがクラスに飛び交うときもありました。そんな「人間らしさ」、いや、

「人間くささ」は伝染していくもので、最後の最後には「なぜか嫌いになれない人たちの集まり」になったのではないかと思います。どの生徒も愛おしく、離れがたい。そう思えるクラスになりました。もちろん私も「ごおん」を大切にしたクラスの一員として、これからもその概念はもちつづけていくつもりです。

　まだ1年です。あと2年中学校生活は続きますが、3年の最後には「人間くさくて、なぜか嫌いになれない学年」になっていたらいいなぁ、そんな成長の過程をいちばん近くで見守ることができたらいいなぁと思いながら、1年の振り返りとさせていただきます。磯野先生、1年間私とクラスに寄りそっていただき、本当にありがとうございました。

▶磯野雅治からアイコ先生へ　……… 2018年4月6日

　アイコ先生、一年間お疲れさまでした。

　中学校における学級づくりでは、やはり一年生がいちばん難しいように思います。なによりも、「中一ギャップ」といわれるように、子どもたち自身が小学校との違いにとまどっているからです。まず、小学校のクラス替えと違って、いくつかの小学校からやってきて、新たに人間関係を築かなくてはならないということがあります。教科書も分厚くなって、学習量も飛躍的に増えます。定期テストもあります。進学塾に通いはじめる子どももいます。教科担任制の中学校では、授業ごとにいろんな教師がやってきます。担任とのつながりも、小学校に比べてぐっと薄く（と子どもたちが感じる）なります。校則も小学校よりずっと多くなります。体育系クラブに入部すれば、身体的な疲れも相当なものだし、先輩との人間関係もたいへんです、等々。中学校の教師にしたら「当たり前」のことが、入学したての一年生にとっては、初めてのことだらけで、相当なプレッシャーがあるのです。

　しかも、子どもから少年・少女への成長期にある一年生は、成長の個人

差が大きく、「幼児性」を残した子から「大人びた」子まで、いろいろな子どもが、同じ教室で過ごすことになります。プレッシャーの受け取り方も千差万別です。

したがって、本来は、一年生の学級づくりは、いちばん難しく、「丁寧さ」が求められるのです。よく、職員室では「三年生はたいへんやけど、一年生はかわいい」などといわれますが、その認識には落とし穴があります。中学校における「学級づくり」の視点でいうなら、三年間を見通したうえで、一年生こそが重要視されなければならないのです。

アイコ先生のレポートにも「毎日毎日クラスの子のことで悩んだり喜んだりしていました」とありましたが、その背景には、前述したような一年生のかかえる課題があったのです。しかし、アイコ先生は、あきらめず、課題を背負う子に寄りそい、そのことをクラスに投げかけつづけました。だからこそ、3学期には、当初のめあてであった「ごおん」が、先生も「クラスの子の大半はそこそこ達成できたと思えている」と述べているように、ある程度根づいたのだと思います。ぼくの体験からいっても、その過程では、「山あり谷あり」だったとして、一年間こだわりつづけた「めあて」は、3学期には、ある程度は形をなすものです。その意味では、教師にとって「言いつづければなんとかなるものだ」という楽観主義が大切です。

ぼくは、教師にとって必要なスタンスに、「子どもとともに成長する」ということがあると思っています。アイコ先生のクラスで、先生の授業を見せてもらったときに、先生と子どもとの関係を、とてもいいものに感じましたが、アイコ先生が「教師くささ」という殻を破り、「弱さ」も含めて、ありのままの自分で子どもに対峙したことで、子どもたちもそれに応えたのだということが、今回のレポートからもわかります。若いときだけでなく、ベテランになっていく今後も、いや定年まで、こうした姿勢を忘れないでほしいと思います。

最後にひとつ、これからも考えてほしいことを述べておきます。

それは、障がいのある子の教育についてです。レポートにも、特別支援学級の子や特別支援教育対象の子が多くてたいへんだったとあります。もちろん、その子たちには、なんらかの「障がい」があるわけで、それはそれで、その通りだったと思います。

　ただし、「障がいがある子」＝「たいへんな子」ということが独り歩きし、先入観になることは避けなければなりません。「障がい児のＡさん」ではなく、「Ａさんにはいろんな面があるが、その一つが○○に障がいがあることだ」という捉え方が大切だと思っています。

　かつて、「発達障害」という概念もそれほどいわれず、特別支援教育という考え方がないときも、いまでいう「発達障害」のある子はクラスにいたはずです。でも、教師たちは「友だちづきあいの苦手な子」「じっとしていられない子」「コミュニケーションがとりにくい子」などと感じながら、なんとか学級の一員として位置づけられるように手探りで実践してきました。

　ところが、特別支援教育が始まり、特別支援学級ができると、いろんな理由で集団になじみ難い子が「普通学級では無理」だとされて支援学級に追いやられることが多くなりました。一方で、インクルーシブ教育がいわれながら、他方で、むしろ「普通学級」と「特別支援学級」との分離教育が広がる傾向にあるという、おかしな現象が学校現場を覆っています。

　もちろん、なんらかの障がいがあり、個々に支援が必要な子には、丁寧な対応が必要なことはいうまでもありませんが、アイコ先生には、できるかぎり分離教育にならない実践を追求してほしいと思います。

　本当に一年間、クラスの様子をレポートしてもらい、ありがとうございました。最後に、「私が先生になったとき」という詩を紹介します。かつては宮沢賢治の作だといわれたこともありましたが、それは間違いだったようで、現在は作者不詳となっています。

私が先生になったとき

私が先生になったとき
自分が真理から目をそむけて
本当のことが語れるか

私が先生になったとき
自分が未来から目をそむけて
子どもたちに明日のことが語れるか

私が先生になったとき
自分が理想を持たないで
子どもたちにどうして夢が語れるか

私が先生になったとき
自分に誇りを持たないで
子どもたちに胸をはれと言えるか

私が先生になったとき
自分がスクラムの外にいて
子どもたちに仲良くしろと言えるか

私が先生になったとき
自分の闘いから目をそむけて
どうして子どもたちに勇気を持てと言えるか

これも担任力❹
進路保障は学級づくりの総和である

　学級づくりのなかでも、中学3年生における学級づくりはとてもむずかしい。高校入試という、子どもたちをむしろ個々バラバラにし、ときには敵対さえさせるシステムが否応なく存在するからだ。
　学校現場には「進路指導」という分野がある。具体的には、それぞれの子どもの「成績」を基に、ランクづけられた高校に子どもたちを振り分けることである。昨今、教職員の過重労働が問題になるなかで、文科省は教員の仕事のうち、外部委託してもいいもののひとつに、この「進路指導」をあげている。いいかえたら文科省は、「進路指導」を教員の重要な仕事と考えていないということの証でもある。
　一方で、同和教育は、この進路選択に関わる実践を大切にしてきた。その取り組みのなかで「進路保障」という考え方が提起され、「進路保障は、ある時点で、進学や就職その他のコースを斡旋すればこと足りるということではなく、『差別の現実に深く学び』という基本的視点をすえながら、一人ひとりの子どもの『未来の生活』をどう保障していくのかという教育総体の営為を意味している」[*32]とされた。それは、実践的には、「子どもの卒業後の生活をいかに保障するかを重視し、『学力保障』『集団づくり』と結んで、生徒たちの前に立ちはだかる入試制度を対象化し、その問題点をも視野に入れながら、そのなかで『どのように生きるのか』を考えつつ、実際の進路を選択することをめざした取り組み」ということになる。
　そして、「進路保障」をめざした学級づくりにおいては、一人ひとりの子どもに「自分をみつめる」「自分をクラスに語る」、さらに「エンパワーメント」する力を育むことが、また学級を「違いを認めあい」

「他者の思いを受けとめ」「支えあう」集団に育てることが求められる。

しかし、競争原理に貫かれた入試制度は、むしろ子どもたちが集団として育つことを阻害する働きをもつ。「他人を押しのけてでもランクの高い高校をめざす」「自分のことで精いっぱいで他人のことなど考えていられない」——こうした空気が色濃くなる中学校3年生の秋以降の学級づくりはきわめて困難な局面を迎えることになる。「クラスは冬眠している」——ある中学3年の担任が、受験が差し迫った1月ころ、ぼくに向かってこう言ったことがあるが、受験期の教室の雰囲気を言いあてている。

しかし、「進路保障」という立場に立つなら、むしろこの時期が勝負どきなのである。眼前で、入試制度が子どもたちをバラバラにしていくこの時期こそ、前述の取り組みが、個々の子どもに、そして学級に大きな意味をもってくる。それぞれのクラスの学級目標に照らして、「いま、学級でできること、しなければならないこと」を学級の話しあいにかけてもいいだろう。班ノートなどに表れた子どもの悩みをクラスの前で明らかにして共有することも必要だ。進路の壁を共に乗り越えるという意識を育てることが、この時期の学級づくりのめざすべき方向性なのだ。

同和教育には「進路保障は同和教育の総和である」というテーゼがある。すなわち、学校教育のなかで、子どもたちが「どのような同和教育を受けてきたか」ということが、その子が「どのような考え方の下で、どのような進路を選択したか」に表れるという指摘である。

ぼく自身は同様に、「どのような学級づくりのなかにあったか」ということが、その子が「どのような考え方の下で、どのような進路を選択したか」に表れるとも考えてきた。まさしく「進路保障は、学級づくりの総和」でもあるのだ。

次の作文は、ぼくが、退職3年前に、現役最後の中学3年生を担任したとき、ある女子生徒が、卒業前の「がんばり宣言」文集に書いた

文章の一節である。

「たくさん悩んでたくさん考えた。親にもひどく反対され、『なぜ公立に行かないんだ』と何度も言われた。私が公立に行くことは親の昔からの願いだったから。公立に行くことを考えなかったわけじゃない。でもそこで私は一体何をするのか。一体何をしたいのか、全く答えが出なかった。そんな中途半端なままで進路を決めたくなかった。

結局私は『通信・単位制高校』を選んだ。私はこの選択を悔やんでいない。

親には悪いと思っている。でも、自分の考えを、選択を無駄にはしたくなかった。貫きたかった。

がんばりたいと心から思う。初めて自分で選んだ道なのだから。私は私なりに後悔のないようにがんばっていきたい」

ぼくは、このクラスの学級びらきで、学級通信第1号に次のように書き、クラスの子どもたちに「感動的な卒業式にしよう」と呼びかけた。

> いよいよ3年5組がスタートした。35人のなかまとぼくで、5組というクラスを「義務教育の最後の学年にふさわしい」クラスにつくっていこう。
>
> 担任としてのぼくの学級づくりの目標は「感動的な卒業式にしよう」ということだ。この1年間の5組での毎日の生活や行事への取り組み、一人ひとりの進路選択などを、この目標にむかってつくりあげていきたい。
>
> 「感動的な卒業式」を迎えるために必要なことは二つある。一つは、みんな一人ひとりが卒業後の進路に"希望"をみいだせ、「明日への期待を胸に卒業式を迎えている」ことだ。
>
> そのためには、この1年間の進路学習などで、みんなが、自分

の進路をしっかりみつめ、誰もが「自分にとって"いい進路"(高校)を選ぶ」ことをめざしたい。
　二つめには、卒業式当日、みんなにとって5組が「別れるのはさみしいなァ」と感じられる状態になっていることだ。
　当たり前のことだけど、「こんなクラスはイヤだ」と思っていたら、卒業式が感動的なものになるはずがない。
　みんなにとって「いいクラス」=「別れるのがさみしいクラス」ってどんなクラスだろう。一人ひとりにいろんな"願い"があると思うけど、ぼくは、5組を「一人ひとりに温かいクラス」にしたいと思っている。
　もちろん、簡単なことではないと思うけど、ぼくとみんなで努力すればきっとそんなクラスができると思うよ。
　1年後、この二つがそろったとき、きっと5組のみんなにとって「感動的な卒業式」になるはずだ。
　それをめざして、サァ3年5組物語のはじまりはじまり!
　　　　　　　(2005年度3年5組学級通信「ともに」第1号から)

　そして、その「めあて」にむかって、ぼくは、子どもたちとともに、1学期の修学旅行における「自分を語るミーティング」をはじめ、2学期の体育祭や文化祭など、集団づくりに欠かせない活動にとりくんだ。また、日常的な学級活動における小さな積みあげを大切にした。そのうえにたって、3学期、迫りくる受験の壁でクラスがバラバラになることに抗して、むしろ、その「しんどさ」をみんなで共有することをめざして、子どもたちに「自分が進路選択で考えたこと、悩んだこと」などを進路先とともに明らかにすることを提起した。その結果が、「がんばり宣言」と題したこの文集づくりであり、前述の彼女だけでなく、多くの生徒が進路選択に関わる自分の思いを綴った。
　このクラスは、けっして100%ではなかったけれど、「めあて」のなかに「進路」を位置づけ、学級びらきから卒業式まで、受験期も含

めて、「進路保障」という考え方を核に学級づくりにとりくめたクラスであった。そして、文字通り、「進路保障は学級づくりの総和である」ことを実感した1年間であった。

＊注

1 鈴木祥蔵『人間の成長・発達と解放教育』（1975年 明治図書）P42〜43
2 同書 P203
3 同書 P383
4 同書 P376
5 同書 P283
6 安田雪『ルフィの仲間力』（2011年 アスコム）P3
7 同書 P9
8 鷲田清一『「聴く」ことの力』（1999年 阪急コミュニケーションズ）P55
9 同書 P11
10 北山修編『共視論』（2005年 講談社）P132
11 同書 P43
12 土井隆義『友だち地獄』（2008年 筑摩書房）P16〜17
13 小林道雄『「個性」なんかいらない』（2004年 講談社）P16
14 鈴木翔『教室内（スクール）カースト』（2012年 光文社）P27
15 同書 P146
16 同書 P170
17 菅野仁『友だち幻想』（2008年 筑摩書房）P20
18 佐藤学『学び合う教室・育ち合う学校』（2015年 小学館）P44
19 同書 P44〜45
20 拙著『担任力をみがく！』（2010年 雲母書房）P112
21 同書 P113
22 松本卓也・山本圭編『〈つながり〉の現代思想』（2018年 明石書店）P9
23 鷲田清一前掲書 P11
24 同書 P68
25 園田雅春『道徳科の「授業革命」』（2018年 解放出版社）P254
26 国分一太郎『復刻版 君ひとの子の師であれば』（2012年 新評論）P129
27 岡田尊司『悲しみの子どもたち』（2005年 集英社）P40
28 木村泰子『「みんなの学校流」自ら学ぶ子の育て方』（2016年 小学館）P76〜77
29 新保真紀子『子どもがつながる学級づくり入門』（2007年 明治図書）P88
30 森田洋司・清永賢二『新訂版 いじめ 教室の病』（1994年 金子書房）
31 同書 P83の表Ⅰ-6
32 全国解放教育研究会編『差別の現実と進路保障』（1985年 明治図書）P29

あとがき

　「講演活動は、一人ですすめる教育運動や」——わが朋友・園田（と、中学校以来呼び捨てにしてきた）雅春さんが、ぼくに言った言葉である。
　ぼくは「なるほど」と思った。退職後、縁あって大学教員という職を得て、さらに、38年間の中学校教員生活のなかで考えつづけた学級づくり実践論を『担任力をみがく！』『担任力でひらく！』と題して上梓することもできた。おかげで、あちこちの「学級づくり」に関する研修会や研究会に講師として呼んでもらえるようになった。そのようなとき、ぼくは、自分が考えてきた「学級づくり論」をほかの教師、とりわけ若い教師に聴いてもらい、広めていく絶好の機会だと考えてきた。まさしく「一人ですすめる教育運動」であった。
　ぼくはつねづね、人前で講演することを、「鶴の恩返し」の鶴に似た行為だと思ってきた。鶴が自らの羽を抜き、それを素に織物を織ったように、ぼくもまた、自分の「知識」を「身を切る」思いで聴いてくれている人に話してきたからである。講演の後は、いつもぐったりと疲れた。しかし、その反面、聴いてくれている人の真剣な眼差し、「振り返り」のなかの真摯な文章にふれることはとてもうれしいことであり、講演は楽しいことでもあった。文字通り「苦あれば楽あり」の講演活動であった。
　ただし、「身を切る」といいながら、「知識の切り売り」で終わっていたら、ぼくの知識などすぐに底をつく。だからこそ、ぼくは、この10年間、現役時代以上に教育書だけでなく、さまざまなジャンルの書籍をひもとき、教育をめぐる社会情勢の変化をも見すえながら、自分の教育に関する理論の再生と深化をめざしてきたつもりである。
　本書『担任力がそだつ』、なかでも第1章「『担任力』とはなにか——『担

任力』を解剖する」は、いわば、この間大学での講義や講演を通じて考えつづけてきた「担任力」というものについての集大成である。

　ぼくは、自分の「学級づくり論」の根底にある同和教育・人権教育もまた「教育運動」だと思ってきた。そして、「運動」だとすれば、もっとも先進的な理論と実践で、運動を引っ張る前衛と、やさしく、わかりやすく運動の裾野を広げる後衛が必要だとも考えてきた。とりわけ、富士山に広い裾野があるように、運動の裾野が広がることこそが、先進的な取り組みと深い理論構築にとって大切なことだと思い、ぼく自身は後衛であることをめざしてきた。

　ただ最近、講演を依頼してくださった担当者と話していると、異口同音に、わが団塊の世代の大量退職後に入ってきた若い教師に、これまで同和教育・人権教育が培ってきたものを伝えることがむずかしくなっていると言われる。

　ぼくが、『担任力をみがく！』『担任力でひらく！』を上梓したのも、これまでの実践の質を維持しながら、なおかつ若い先生がたに伝わるように、やさしく説いた学級集団づくり論を書き上げたかったからである。また、今回の『担任力がそだつ』もその延長線上にある。

　教育書を扱う書店にいくと、教育関係、とりわけ、教科教育や学級づくりに関する書棚には、いわゆるハウツー本がずらっと並んでいる。たとえ教師といえども若い人が本を読まなくなったといわれている昨今、書店へ行き、教育書を手に取るというのは、おそらくまじめな教師であろう。そういう人たちが、同和教育・人権教育の原点にふれることなく、ハウツー本に頼ってしまうことを少しでも防ぎたいというのが、ぼくが、やさしく、わかりやすく学級集団づくりの理論と実践を合わせた入門書を書きたいと考えてきたゆえんである。

　『担任力がそだつ』がそういう人の目に留まり、読まれ、同和教育・人権教育に根ざした「学級づくり」が広がることを願って止まない。

　末尾になったが、今回、「どんなとき担任力がアップしたと感じたか」

アンケートに協力してくださった多くの先生がた、メールで日々進行する「学級づくり」について交流してくださったタカオ先生、アイコ先生、出版にご尽力いただいた解放出版社の小橋一司さん、尾上年秀さんに感謝するしだいである。

 2018年8月15日 15年戦争の73回目の敗戦の日に   磯 野 雅 治

磯野雅治（いその　まさはる）
1947 年　京都市で生まれる。
1970 年　大学卒業と同時に大阪府内で中学校教師となる。
2008 年　定年退職後、教育専門員として、中国にルーツをもつ子どもの支援に携わる（～ 2012 年 3 月末）。
2009 年　関西大学文学部教育文化専修非常勤講師（教育実践論）（～ 2018 年 3 月末）
2018 年　枚方人権まちづくり協会理事
現在、学級づくりサポートステーション"I"を主宰。

学級づくりサポートステーション"I"

あなたの学級づくりを応援します。
悩み・相談はメールで。
gakyudukuri.ss@gmail.com

担任力がそだつ　教室発　学級づくり実践論　総集編

2018 年 11 月 30 日　第 1 版　第 1 刷発行

著　者　磯野雅治 ©
発　行　株式会社 解放出版社
　　　　552-0001 大阪市港区波除 4-1-37 HRC ビル 3F
　　　　TEL 06-6581-8542　FAX 06-6581-8552
　　　　東京事務所
　　　　113-0033 文京区本郷 1-28-36 鳳明ビル 102A
　　　　TEL 03-5213-4771　FAX 03-5213-4777
　　　　振替 00900-4-75417
　　　　ホームページ http://kaihou-s.com
装　幀　森本良成
本文レイアウト　伊原秀夫
印刷・製本　株式会社 太洋社

ISBN978-4-7592-2039-1 C0037 NDC370 221P 21cm
定価はカバーに表示しております。落丁・乱丁はおとりかえします。

障害などの理由で印刷媒体による本書のご利用が困難な方へ

本書の内容を、点訳データ、音読データ、拡大写本データなどに複製することを認めます。ただし、営利を目的とする場合はこのかぎりではありません。

また、本書をご購入いただいた方のうち、障害などのために本書を読めない方に、テキストデータを提供いたします。

ご希望の方は、下記のテキストデータ引換券（コピー不可）を同封し、住所、氏名、メールアドレス、電話番号をご記入のうえ、下記までお申し込みください。メールの添付ファイルでテキストデータを送ります。

なお、データはテキストのみで、写真などは含まれません。第三者への貸与、配信、ネット上での公開などは著作権法で禁止されていますのでご留意をお願いいたします。

あて先：552-0001　大阪市港区波除4-1-37 HRC ビル3F
解放出版社
『担任力がそだつ』テキストデータ係